什么是历史地理学

唐晓峰

著

Simplified Chinese Copyright © 2023 by SDX Joint Publishing Company
All Rights Reserved.
本作品简体中文版权由生活·读书·新知三联书店所有。
未经许可，不得翻印。

图书在版编目（CIP）数据

什么是历史地理学／唐晓峰著. —北京：生活·读书·新知三联书店，2023.9
（乐道文库）
ISBN 978 - 7 - 108 - 07552 - 9

Ⅰ．①什… Ⅱ．①唐… Ⅲ．①历史地理学 Ⅳ．①K901.9

中国国家版本馆 CIP 数据核字（2023）第 014680 号

责任编辑	王婧娅
特约编辑	周　颖
封面设计	崔欣晔
责任印制	洪江龙

出版发行　生活·讀書·新知 三联书店
　　　　　（北京市东城区美术馆东街 22 号）
邮　　编　100010
印　　刷　江苏苏中印刷有限公司
排　　版　南京前锦排版服务有限公司
版　　次　2023 年 9 月第 1 版
　　　　　2023 年 9 月第 1 次印刷
开　　本　889 毫米×1092 毫米　1/32　印张　7.75
字　　数　178 千字
定　　价　59.00 元

目 录

前　言 · 001

第一章　作为学科的历史地理学的形成（上） · 013
　附文 1　美国历史地理学的几个特点 · 047
　附文 2　美国三位热爱历史问题的地理学家 · 060

第二章　作为学科的历史地理学的形成（下） · 067

第三章　沿着现代地理学的理路拓展 · 105
　附文 3　人文地理学问题意识的唤起：一份学术回忆 · 135

第四章　几个比较重要的研究领域（分支） · 155

第五章　几个要处理的关系 · 195

附　录　历史地理离每个人并不远 · 222

前　言

　　历史地理学是研究历史时期的地理问题，从基本学科原理来说，很简单。产生这种研究的愿望也很朴实。在日常生活中，常听老人讲这样的话："这个地方原来是什么什么，后来呀，因为什么什么，变成现在的样子。你们年轻人啊，都不知道。"这件年轻人不知道的事情，就是一个简单的历史地理问题。

　　把这个小例子往远推，推到几千年间的变化，再往广了扩展，扩展到大江南北、长城内外，那么，要弄清的地理变化问题就不计其数了。这些地理问题又不是单纯的地理问题，它们与政治、经济、文化、社会、军事、民族等事务有着广泛的联系，积累成一份厚厚的、复杂的、独特的历史。知识界、学术界有责任来复原、阐释这个复杂厚重的历史，从中汲取经验和智慧。以世界之大，历史之长，问题之复杂，这份责任的完成需要一门范式完熟的学科，它就是历史地理学。

　　从另一个角度说，弄清楚自己的身世，是人类最基本的好奇心之一，也是人类自我成长、自我完善的一个重要的知识方向。可以说，一个民族，对于自己的身世越明了，其文明程度就越高。"我们从哪里来？""我们在这片土地上曾经做过什么？"是人类自我认识的一个基本的重要部分。从这个意义上可以说，历史地理学是人类的基本知识需求，这类知识需求会成为文化的一部分，在社会中，是文明建设的一块重要基石。

古书里面往往讲很多地理知识，我们今天看起来，因为时代早已过去了，那些地理知识都是古代的，所以它们表达的是历史时期的地理，可以简称历史地理。这是一种对历史地理的简单解释。那么要不要关注历史时期的地理？大多数历史学家会说：当然要！一部分地理学家会说：需要。他们的反应不太一样，口气有轻有重。但是，口气的轻重并不与他们对历史地理学发展的贡献成正比，这个问题后面会有讨论。

历史地理学这个分支来自对地理学按时间所做的分割：当代地理，历史地理，古地理。地理学一般所说的分支，如经济地理、政治地理、文化地理等，是横向分割。每一段纵向分支中，仍可做横向分割；同样，每一个横向分支中也可以做纵向分割。

有人开玩笑说，地理学什么都管，什么都可以研究，你随便拿出一样东西，我都可以在后面添上"地理"二字——你说饮食，我说饮食地理；你说书法，我说书法地理；你说唱歌，我说歌曲地理；你说面条，我说面条地理，电视中确实有过讲世界面条分布的纪录片。其实历史学也有这个特点，什么东西后面都可以加"历史"二字。这说明，历史学与地理学都不是以研究事物的类别立身，而是以所有事物都具有的时空二性立足，所以这两门学问的边界远得很。而历史地理学，把两个词都用上了，学问的边界就更说不清了。

历史地理学的理论与实践，从某种意义上说，是两类工作，当然有紧密的内在联系，但各方追求的目标稍有不同。理论是概念的讨论与厘清，实践则是跟着具体问题走，往往不受概念范畴的束缚。所以在介绍这门学科的时候，说完理论，一转到实践方面，会觉得又"乱了"。我想，每一个人想认识一门学科是"什么"的时候，一定要有心理准备，接受这样的情形：理论是严谨的，研究实践是丰富灵活的，不要用一方挑剔另一方。

关于历史地理学，阐述的书与文章已经很多，这里仅以个人有限的工作经验与阅读体会，汇总一些问题，谈谈自己的看法。所以这本小册子，只是个人感悟，仅就有感之处发言，不是教科书式的纲举目张的全面讲解。另外，我虽然主要在国内做研究，但因为我在美国读了几年书，受到一些欧美那个时期流行的认识的影响，所以，把欧美的东西，准确说是我对欧美历史地理学的感受，也讲一讲。欧美的东西，我个人体会，在19世纪后半到20世纪六七十年代之前，比较踏实，是他们的学术上升阶段，学者们讲出来的东西，有长远意义。20世纪70年代以后，所谓后现代思潮兴起，有些东西不错，比如人本主义、话语理论等，但也有很多探索过于激进，有实时意义，却未必有长远意义。所以我愿意谈的感受，都是基于前一个阶段，即 19 世纪后半到 20 世纪 70 年代之间的。那时讲的东西，我觉得并没有过时，只是不时髦，但都是基础学术建构。

既然是谈个人经验体会，先说说我是如何开头的。这个经验虽然是个人的，但为了介绍历史地理学这门学科，这份开头的感受值得交流一下。

1972 年 5 月，我进入北京大学历史系考古专业学习。没想到，才上了半年课，到了 10 月份，就安排了田野考古实习。邹衡先生判断北京房山琉璃河董家林村一带很可能是西周所封燕国的核心区，所以要做一次探索性发掘。我们全班同学倾巢而出，来到董家林，住在一座旧庙里，打地铺。

几天之后，考古探方有了一定深度，也开始出一些古代陶片。我工作的探方还发现一个灰坑，考古学所谓的灰坑大多是古人丢置弃物的地方，包含物很杂乱，但有一条，其断代会比较准确，是一个比较明确的时代堆积物。当然，因为是废弃物品，里面一般不会有太珍贵的文物。

但是有一天，一位很有学者风范的老先生带着一位年轻女助手，来到我们的探方，而且就是冲着这个灰坑来的。北京文物队的老师彼此低声耳语："是侯仁之！"这是我第一次听到这个名字，虽然尚不知他的具体身份，但断定是一位重要人物。

侯先生与那位女老师在灰坑中取出几块土样，分别放入塑料袋。这令我们这些搞考古的人很吃惊："要这些土块干什么？""是测试土样中包含的孢粉，做古代植被复原分析。"那位女老师解释说。我们的考古发掘正进入复杂迷离阶段，有同学编出怪话"考古考古，连蒙带唬"。可侯先生的行为，让我忽然感到一个叫科学的东西陡然出现，我开始重新审视眼前这个难以捉摸的探方。可是，又觉得侯先生所做的并不属于考古呀，那是什么？在北京文物队老师口中，侯仁之是北京史专家。那时，我完全不知道历史地理，但记住了侯仁之这个名字。这是我第一次零距离接触历史地理研究的现场，但对这门学科，其实茫然无知。

考古专业毕业后，我来到内蒙古大学蒙古史研究室工作。研究室有一个独立的资料室，开架，这在当时是很难得的。我在资料室书架上见到几册《禹贡半月刊》，知道了几十年前曾有一个禹贡学会。按我当时的理解，那是一个历史研究群体，首先，这些学者都是历史学家，不少还是知名的老先生（那时当然是年轻学者），虽然研究的是地理问题，但目的是为了搞清相关的历史事件。在一般的历史研究中，也常见这类地理考证。

我的这个印象是来自一种传统的观念，即在历史研究中本来就包含地理研究。二十四史中不是也有不少地理志嘛。在北大历史系学习的时候就记住了邓广铭先生说的历史研究的"四把钥匙"：年表、职官、地名、目录学。总之，见到历史学家研究古代地理问题并不奇怪。

我因为是做考古，《文物》《考古》《考古学报》三大杂志是必读的。一次，忽然在《考古》上看到侯仁之与俞伟超联名发表的《乌兰布和沙漠的考古发现和地理环境的变迁》。俞伟超是我最接近、最熟悉的北大考古老师，他的文章当然要全文阅读。而侯仁之，不是北京史专家吗，为什么与俞老师合作？文章看后，顿觉十分新颖，原来考古学还能这样来用，考古学居然还能证明科学问题（沙漠化）！在此一定要强调一下，这类环境考古的题目，在今天已经不新鲜，但在那个时候看到，会令人为之一震。只是，这种新鲜感在我这里一时并没有产生"另一种学科"的认识，甚至以为他们只是偶然遇到这样的合作机会，才做了这样的题目。

俞伟超与侯仁之的合作，使我对侯仁之的研究产生了亲近感，也逐渐知道了他研究的是历史地理学。1978年报考研究生时，因为考古专业的俞伟超老师还没有招生的计划，带着急于上学（"过这个村儿没这个店"）的心情，我选择了侯仁之先生的历史地理学。而"历史地理"这个名字遂以正规的概念进入我的认知之中。

正规化其实就是一种认真态度，一旦认真，事情就不一样了。我把在内大能找到的侯仁之、谭其骧、史念海的著作尽量找来，当然还有《禹贡半月刊》。当时三位先生中，只见史先生出版了一册《河山集》，是历史地理研究的文集。侯先生主编有《中国古代地理名著选读》《中国古代地理学简史》，也出版了《步芳集》，但都不能算真正的历史地理论文，他与谭其骧先生各自发表的论文都散在期刊中，还没有汇辑成书。

史念海先生的《河山集》读起来令人很有兴味，原来在历史文献中还能开发出这么多有趣的题目。史先生所谈，离你原来的史学基础不远，却都是未曾关注过的地理问题，读罢，你自己也会有跃跃欲试的感觉。多年后，与同学张承志聊到史念海的《河山集》，他慨然说道："要是早读到这本书，就考他的研究生了！"史先生的《河山集》带领读者，在复杂的历史演进中，在政治、经济、军事、交通等方方面面的历史事态中，挑出区域、界线、中心、路线等议题做讨论。史先生证明，地理问题乃渗透在大大小小的历史事件中，就看你眼力如何了。这个方向，是从历史研究过渡到历史地理研究之后，最能引发兴趣，也最考验思维灵性的选项。

谭其骧先生以史范严谨著称，他主编的《中国历史地图集》在20世纪70年代的陆续出版，轰动整个文史界。这部图集中的地图可称为"普通历史地图"，即今天地图分类中最基本、最流行的一类，内容包括行政区划、重要城镇聚落、山脉河流等。这类历史地图的编绘，绝大部分精力是用在地名位置的考证上面，但并非没有思想判断的事情。记得这部图集最初出版的时候，中国国家边界问题正是外交事务上的热点，也是社会上的热门话题，于是地图集上所表示的历代王朝疆域，遂成为人们看图的时候特别要辨认一番的内容。人们相信，这是一部值得信任的历史地图集，关于每个朝代、不同民族地区的疆界，图集给出的就是权威性的表达。但这样一个复杂的问题是如何判定的，其思想依据到底是什么？在没有这部历史地图集之前，对这类话题大约只有一些笼统的表述。但这部《中国历史地图集》是学术成果，是科学研究的成果，它一定包含一份更深入、更有说服力的学术解释。而明确做出这一学术性解释，也正契合当时的政治需要。应翁独健先生之邀，谭先生对这个问题做了详细的分析。这是中国历史疆域问题首次被从学术角度进行了原则性的论证，使人们对这个热点问题的认识获得了重大进展，因此，也令人感受到了图集强烈的时代性。这是对历史地理学的一次有力宣传，很多人开始认识到历史地理学高度的学术性与可贵的致用性。

在报考研究生的准备中，侯仁之先生关于历史地理学性质的论述，有着特殊的地位。这不仅是因为他是我要报考的导师，更因为这类理论文章在一般情况下是不会找来读的。侯先生提醒人们，历史地理学需要理论认识，而不仅仅是知识的积累与案例的熟悉。侯仁之先生当时所讨论的理论问题，主要宗旨在厘清现代历史地理学与传统史地之学的区别，拓展历史地理学的研究视野，在新的对学科本质的理解上构建更宏大的研究体系。这一理论认识，极大地推进了中国历史地理学的现代发展。理论自觉乃是现代学术的要点，历史地理学的理论自觉，主要体现在从现代地理学的角度进行重新定位，展开新的视野。这将是本书重点讨论的问题。

德国地理学家赫特纳（Alfred Hettner）曾经这样表达老师们给他留下的印象："我对我的每个大学老师——阿·基希霍夫，特奥巴尔德·菲舍尔，格·格兰德，弗·冯·李希霍芬——都怀有极大的感激之情，但我觉得在他们那里地理学出现的形式却各有不同。"[1] 我想，对于许许多多历史地理学的后来人来说，谭其骧、侯仁之、史念海三位导师，也正是这样，他们的贡献形成了中国现代历史地理学的经典时代。三位导师治学风格的不同，证明了这门学科路径的多元性、问题的丰富性、论证的多重性。谭其骧、侯仁之、史念海是当代历史地理学界的创立者，他们的个性研究从不同方面对中国现代历史地理学的诞生与发展做出了经典性的注解，也是认识什么是历史地理学的卓越范例。他们的学术历程值得我们反复思考。美国历史地理学家索尔讲过，深入了解一个或多个我们学科重要人物的工作，这大概是我所能够建议的最重要的地理学入门了。

追仰前辈的楷模往往是学术认知的第一阶段，而自己进入研究实践则开启了无休止的继续认识过程。问题域的层层打开，时代特色的显现与更替，与相关学科的交融，等等，这些都在推进对学科的理解。随着学科研究者群体的扩大，所见学者的个性也越来越丰富，这是学术繁荣的重要标志。西方地理学思想，尤其是人文地理学的思想，在改革开放以后被迅速引进，逐渐融入中国学者丰富的研

---

[1] 阿尔夫雷德·赫特纳：《地理学——它的历史、性质和方法》（王兰生译，张翼翼校），北京，商务印书馆，1986年。序言第1页。

究实践中。在这样的大环境中，学术思想必然十分活跃。

历史地理学很容易被视为一门偏重实践性的学科，但理论讨论在现代历史地理学中始终占有重要位置，参与者日众。人们在完成一项重大主题研究之后，大多要做一番理论方法的总结，这已成为学科的常态。因为现代历史地理学主要是从地理学一方吸取问题意识，其理论基础也必然建立在地理学理论上。当然，这并不排除在具体问题的研究中吸取其他相关学科的理论。不过，从地理学的角度去认识历史地理学，这是一个基本点。许多重要的地理学概念被用到历史地理研究中，这正是现代历史地理学的一个具有本质意义的特点。同时，按照地理学的问题范畴，形成了历史地理学的骨干分支，如环境变迁史、历史区域地理、历史政治地理、历史经济地理、历史农业地理、历史人口地理、历史城市地理、历史文化地理、地理学史等。

认识现代历史地理学，除了上面列出的基本研究范畴外，有两个关于历史地理研究的特殊性问题对于认识这门学科很重要，这里先做一些提示。一个是，很多人习惯于将历史地理学看作历史学的一部分，这是一种传统印象，完全可以理解，从某种意义上说，历史地理学的确具有史学价值。但是在做全面理解时，把历史地理学放在地理学的大框架内，更契合其本质，也更利于其发展。另一个问题是，方志学与地理学的差异。方志学是地理学的早期特色，是传统地理书写的框架，其着重对地表事物做分类与排列，是叙述性的。在社会中，很多人对于地理学（包括历史地理学）的看法也止于此，以为地理学就是记录地方的。而现代地理学强调解释性。其实，追求解释性在地理学中很早就有了，清初的孙兰已经很尖锐地提出这个问题："志也者，志其迹，记也者，记其事。说则不然，说其所以然。……则所谓舆地之说也，何以为山，何以为川，山何以峙，川何以流。"① 只是因社会条件与学术条件都不够，"说其所以然"的地理学没有很好地发展起来。刘师培曾感到惋惜，他说："呜呼！使明清之交，人人能读兰书而发扬光大，则吾国格物致知之学当远迈西人。"② 地理学真正获得解释力，是在进入科学时代之后。在以往的时代，并不是说对地理事物完全没有解释，但那些解释感性多于理性，多是比喻的手法，未能进入事物本身的原理。现代历史地理学要跟上现代地理学整体的步伐，不仅要复原过去的地理面貌，更要做出具有现代学术水平和学术价值的解释，指出原理甚至规律。历史自然地理研究，可以借助现代环境科学的各种手段，获得古人不曾知晓的资料信息，进行科学分析。在社会人文地理问题上，要借鉴现代社会人文科学丰富的视角和阐释能力，加入论证的行列。总之，历史地理学要从传统的方志式考证研究上升到现代解释性研究。

最后必须再次说明，本书所言，是个人的认识，并不能通盖历史地理学的全局。历史地理学的研究对象乃是"大千世界"（all possible words），其艰难由此，乐趣亦由此。

---

① 孙兰：《舆地隅说》自叙。
② 刘师培：《孙兰传》，《国粹学报》1905 年 10 月 18 日。

第一章

作为学科的
历史地理学的形成
（上）

关于历史地理这门学科，侯仁之先生有一个概括："历史地理学是地理学的分支学科，它的发展源远流长，在中国是以研究历代疆域和政区演变为主的'沿革地理'，更确切的名称应是'疆域沿革史'。最近一个世纪，在西方首先赋予传统'历史地理'以新的内容，即以地理学的观点，凭借历史时期的资料以研究历史上已经消失的地理，或称为过去时代的地理。"① 侯先生的意思是，历史地理学研究的是早期的地理形态，这类学问在中国和西方都有悠久的历史，后来又都经历了一个现代化的过程。今天所说的"历史地理学"是一门现代学术，视野优于传统研究。这门现代学术是在西方首先形成的。

比较而言，现代历史地理学的形成，在不同的国家，其背景不同，路径也不同。从表面上看，在中国，主要是从历史研究中逐步走出来的。而在欧美，地理学家的贡献

---

① 侯仁之：《历史地理学概述》，原载《百科知识》1988年第3期，收入氏著《历史地理学的视野》，北京，生活·读书·新知三联书店，2009年，第44—52页，引文见第44页。

更直接一些。下面我们温习一下历史地理学在欧美发展的几个关键点，由以对现代历史地理学的缘起有一个了解。所谓关键点，其实就是几位重要地理学家对问题的讨论，他们的见解具有代表性，构成现代历史地理学思想史的基本骨架。这几位地理学家是：德国的赫特纳（1859—1941）、英国的达比（Clifford Darby，1909—1992）、美国的索尔（Carl O. Sauer，1889—1975，旧译苏尔）、美国的哈特向（Richard Hartshorne，1899—1992）。

关于欧美历史地理学思想发展的更远些的背景，可以推广到洪堡与李特尔的时代。侯仁之先生在1988年发表的《历史地理学概述》中，有一个简明的介绍，还提到森普尔（Ellen C. Semple）等人的影响。在19世纪中叶，具有很大影响力的李特尔（Karl Ritter）很注意地理与历史的关联性，他的著作《地球科学——它同自然和人类历史的关系》，讨论了地理特征对历史发展的影响。这是一个带动。相对来说，洪堡（Alexander von Humboldt）更关注横向联系，即"关于自然体与其全部现象直接的联系；关于将各门自然科学结合在一起的地理学的综合性思想；以及他的研究地理对象的比较方法"。[①] 就一般地理学研究来讲，洪堡的思想是基本的科学思想，这是近现代地理学诞生与发展的大方向。不过李特尔对历史与地理之关系的关注，则具有历史地理学意义，虽然他的叙述可能比较简单，且

---

① C.P.米库林斯基等著：《俄国自然科学史》（马左书译），北京，商务印书馆，2020年，第377页。

含有目的论。此外，西方的现代地质学推动了一种思想，即大地是形成的，而且在不断形成中，现在仍是进行时。所以研究眼前的大地，一定要考察它的形成史，否则达不到科学认识。这对地理学也是一个带动，特别是在地貌学这个领域。

学术界普遍认为，现代地理学起源于洪堡与李特尔的时代。大地表面（或称人类总体环境）成为科学观察与科学解释的对象。历史地理学的现代化，正是与这个深刻变化相关联的，只是要晚一些。当历史因素被纳入对地理问题的思考时，习惯于以今天地理研究为对象的地理学家们，自然会产生疑问，争论是必然的，而这正是理解什么是历史地理学的必由之路。

赫特纳的模糊认识

"几十年来赫特纳关于地理研究的组成的思想，对德国地理学进展具有深远的影响。"[①] 在 20 世纪前半，德国地理学理论家赫特纳的学术思想，超越国界，对欧洲、美国也都有深刻影响。我们把赫特纳作为一个时代标志性学者，把他对当时的历史地理学的看法，作为欧洲新历史地理学诞生前夜的思想环境的代表。这个时期大约在第一次世界

---

① 普雷斯顿·詹姆斯：《地理学思想史》（李旭旦译），北京，商务印书馆，1982 年，第 215 页。

大战之后。

一定是因为在地理学圈子里使用"历史地理"这个词的人越来越多,所以赫特纳要专门讨论一下。在1927年,赫特纳出版了影响很大的书《地理学——它的历史、性质和方法》,该书设有一小节,题目就是"历史地理学"。从目录来看,赫特纳已经把历史地理学看作一个准分支学科。在赫特纳关于历史地理学的评述中,下述一些看法具有当时的代表性。

在欧洲,历史地理(historical geography)这个词很早就有了,但含义是模糊的。赫特纳说:"'历史地理学'这个名称有各种各样用法。以前通常用作地理学的历史,自然是颠倒了。"[1] 把历史地理学看作地理学的历史,的确有问题,按照英文现在的写法,地理学史应作 history of geography,而不是 historical geography。

赫特纳接着说:"以前人们把整个人类地理学称为历史地理学,……但是怎么说这个名称也过于狭窄了。"[2] 赫特纳说的对,把这个名称放在整个人文地理学头上,不合适,太小了。历史地理问题并不能概括人文地理学的全部(很多今天的地理问题,在古代并没有)。但是这个曾经的用法却值得关注。它表明,欧洲人在那个时期研究人文地理时,常常要做历史考察,于是留下一个"历史"的印象。这件事也暗示了一种情况,即人文地理研究与历史地理学有着

---

[1] 赫特纳:《地理学——它的历史、性质和方法》,第171页。
[2] 同上。

天然的联系。

赫特纳所看到的历史地理研究状况,并不令他满意,他说:"历史地理学到现在还是偏重于描述国家的疆界和地点,只有少数的历史地理学著作提高到广泛的地区描述,这些描述也考虑到地区的整个状况、聚居、交通、经济生活等等,注意到它们对地区自然情况的从属关系,以及地区自然状况本身,如地表和水文以及气候、植物界和动物界的变化。"① 偏重于描述国家的疆域和地点,这是欧洲国家学中的内容,也是历史学中常常提出的地理问题,对于一个地道的地理学者来说,当然是不够的。

用地理学的高标准衡量,"与其说它(历史地理学)是地理学的一部分,不如说是和地理学相邻的科学"②。赫特纳的理解是,历史地理研究与人文地理学关系密切,但又不能算在地理学的范畴内。赫特纳对于历史地理学的看法是犹豫不决的。"它应该说是一门人类地理学的学科。但是,在这方面它的兴趣是历史的。只有在用过去来解释现在这方面才间接地是地理学的。"③ 当一个学者埋头于历史文献的时候,很难说他不是历史学者。而许多历史地理课题的研究,都需要很长的这个样子的工作过程。只有当他把地理问题的结论拿出来,并与当代地理挂上钩,人们才忽然发现:他原来是一位地理学家。但赫特纳仍然说,他

---

① 赫特纳:《地理学——它的历史、性质和方法》,第171页。
② 同上书,第170—171页。
③ 同上书,第171页。

只是一位"间接"的地理学家。

赫特纳的这种理解具有代表性,历史地理学到底与地理学的关系有多深,可能今天还有不同的看法。这个话题,会贯穿本书,在不同的议题中都会或多或少涉及。在历史地理学的研究实践中,有一些讨论似乎偏离了地理学,所以给人或近或远、若即若离的印象。近的时候,人们没有异议,但远的时候,质疑就来了。这个问题涉及古今关系、资料属性、研究路径、解释角度等很重要的方面,所以很难彻底解决,在实际研究中也不必解决(如果解决是指划清界限的话)。

赫特纳看到了实际研究中的一种情形:很多历史地理事实的确定,"要从历史资料中来,并采用历史的方法。因此我认为,历史地理学的工作大部分落在历史学家和考古学家的手上,这是有道理的,正如所谓古地理学,即过去地质时代的地理学工作要落在地质学家手上一样"。[1] 赫特纳看到的其实是不同时段地理研究的不同盟友。关于地理学研究的学术盟友问题,后面还会专门讨论。

赫特纳说的是实话,的确有很多历史地理议题是历史学家在做,原因是:首先,掌握并正确使用历史资料不是一件简单的事情,一般来说,只有受过正规史学训练的人才可以做到;其次,很多历史问题涉及或包含地理问题,历史学家遇到这样的地理问题,一般不会绕过去,都会认

---

[1] 赫特纳:《地理学——它的历史、性质和方法》,第171—172页。

真地查阅史料，追求令自己满意的答案。他们已经习惯于从问题的完整性出发，而不在意拐进了什么其他"学科"。而在地理学界，能够熟练运用史料的学者不多，很多人缺乏做历史地理研究的信心，所以在研究局面上，似乎写出历史地理论文的人大多为历史学家。其实，不仅是历史地理学，德国最早的人文地理学教授都出身于历史学。这与对查阅社会档案材料的熟悉程度有关，也与研究社会人文问题时往往要从历史中提取问题有关。

其实，同理，研究当代地理问题的学者，也会或多或少融入各个分支的盟友学科中，埋首在经济数字中的地理学家看起来像经济学家，在城市空间布局上下功夫的城市地理学家经常与规划学家一起开会，等等。地理学分支总要对应一门邻近学科，二者之间的界限是模糊的，这种情形不光是历史地理学家有，地理学家在自己的分支中钻研得越深，就越像那边（邻近学科）的人。[1]

不过，在篇幅不长的讨论中，赫特纳还是触及了历史地理学真正的意义何在："人们只能把历史地理学理解为对过去时代进行的地理考察。现在颇为普遍地接受了这个名称的意义。"[2] 这其实也是最简单的关于历史地理学的表述。赫特纳同时提醒人们，要从过去地理学那种方志传统中解脱出来，要研究区域中更多的事情。

---

[1] 我一直记得一位优秀经济地理学家说过的话："我可以和经济学家平起平坐。"这正是因为他的经济学得很好。
[2] 赫特纳：《地理学——它的历史、性质和方法》，第171页。

从赫特纳的这个认识看，历史地理学的基本定位已经有了，此时，这个逐渐发展起来的领域需要的是更清晰的思想来表达自己，更多、更丰富的实践来证明自己。而这个向前发展的重要一步的代表，是由英国的达比所率领的团队（姑且用这个词）的工作。

达比：历史地理学的理论与实践

在西方现代历史地理学的发展史上，英国是一个最值得注意的国家。"1902年麦金德的《不列颠与不列颠的海洋》一书是地理学者对历史地理的创论。作为一个学过历史的人，麦金德逐步认识到从时间的观点来看待人类居住地的过程的必要性。"[1] "在麦金德以后，大多数英国地理学者把历史地理的记述放到他们区域研究中去了。在历史地理学的许多重要贡献中，要特别提到马里恩·钮比金（1926），E. G. R. 泰勒（1930），E. W. 吉尔伯特（1933），W. 戈登·伊斯特（Gordon East，1935，1951）和 H. C. 达比（Darby，1936，1940a，1940b，1951，1952）等人的著作。"[2] 英国地理学在一战后出现的特点之一，"是继续重视历史的方法。这种重视似乎是直接从某些十九世纪历史学者的地理著作演化出来的。1838年，托马斯·阿诺德

---

[1] 詹姆斯：《地理学思想史》，第259页。
[2] 同上书，第259页。

(Thomas Arnold)发表了他的著名的《罗马史》,其中就有讲述自然环境的章节"①。

关于英国现代历史地理学的真正建立,有一段典型的评论,见于英国地理学家约翰斯顿(R. J. Johnston)主编的《人文地理学词典》:"早期历史地理学的主题包括圣地的地理研究、发现和探险史以及国家疆域变迁史。因此,这时期的历史地理学是零散的,没有形成一门独立的地理学分支学科。近现代历史地理学起源于20世纪20、30年代,如达比所言:'历史地理学作为一门独立学科的时期来到了。'"②

达比于1931年完成剑桥大学地理系的研究生学习,获得该系哲学博士学位。在达比学习地理学的那个时期,欧洲地理学界的历史性研究已经很多,影响也越来越大。1930年在布鲁塞尔召开了"第一届历史地理学国际会议",到会的有二百多位学者,其中大部分是历史学家,也有一些地理学家。③ 随后,1932年,在英国某地由历史学会与地理学会联合举办了一个讨论会,几位历史学家与几位地理学家坐到一起,讨论"什么是历史地理学"。此事表现出学术界要进一步认识历史地理研究的认真态度,也说明历

---

① 詹姆斯:《地理学思想史》,第258页。托马斯·阿诺德(1795—1842),曾任牛津大学教授,近代英国重要的历史学家。
② 约翰斯顿主编:《人文地理学词典》(柴彦威等译,柴彦威、唐晓峰校),北京,商务印书馆,2005年,第287页。
③ 邓辉:《克利福德·达比区域历史地理学的理论与实践》,载侯仁之、邓辉主编《中国北方干旱半干旱地区历史时期环境变迁研究文集》,北京,商务印书馆,2006年,第29—40页。

史地理研究日益重要的地位。不过，会议对该问题并没有给出一个完全令人满意的结论。关于什么是历史地理学的问题，到1936年仍可见其讨论的余波。此年的英国《历史》杂志12月号上刊登了贝克（J.N.L. Baker）的一篇讨论会上的发言。题目是："历史地理学百年"（"The Last Hundred Years of Historical Geography"）。从题目便可以看出，作者认为历史地理研究已有相当长的历史。他举出德国人尼布尔（Barthold Georg Niebuhr）1811年的《罗马史》（*History of Rome*）一书，① 认为书中讨论了地理与历史的关系，并对英国大学大有影响。侯仁之先生1946年赴英国利物浦大学学习，在其学习笔记中，即录有关于那次讨论会的纪要。

这个学术环境推动达比以十分专注的精神向这个方向进行探索。他的博士论文题目是《沼泽地在英格兰历史中的作用》（*The Role of the Fenland in English History*）。毕业五年后，达比主编了《1800年以前的英格兰历史地理》（*An Historical Geography of England before A. D. 1800*）一书，这是一部划时代的著作，它标志着历史地理学发展成为一个成熟的地理学的分支。此时是赫特纳发表《地理学——它的历史、性质和方法》后九年。在本书序言中，达比首先指出："历史地理这个词曾被用于表达各种主

---

① 巴特霍尔德·格奥尔格·尼布尔（1776—1831），最重要的德裔古代史作家之一，从小喜欢地理，对其历史研究有很大帮助。有意思的是，阿诺德、尼布尔这两位学者分别撰写的罗马史都被地理学家关注，反映了地理因素对解释罗马历史的重要性。

题，如地理发现史或地理学史，政治边界变迁史或地理因素对历史事件的影响。所有这些都是有启示意义的。不过这里不是讨论术语的地方。事实上，也有另一种思想日益成为对历史地理学的认同，即资料当然是历史的，但视角是地理学的。这一研究，用泰勒教授坦率的话说，就是'只不过是把地理学家的研究放到过去中去，他们的研究议题还是同样的。'这些议题涉及对过去地理的复原，旨在提供一个区域的一系列的属于连续时段的横向剖面。这些考察很难由一个人完成，这就是进行合作研究的理由。"

在其后的数年中，达比不断在理论上与实践中推进历史地理学的发展，取得丰富的学术成果。他提出的理论方法也引领了世界范围内历史地理学研究中极富影响力的一个学派。达比思想的一个根本点是，历史地理学应为地理学整体的必要部分，这个部分与其他按要素设立的分支不同，具有基础性的地位。"从20世纪30年代到60年代，历史地理学被看作地理学作为一完整学科的核心，依达比所言：'地理学研究的基础是地貌学和历史地理学。'因此，大多数区域地理学以历史要素作为讨论现代问题的序言。"[①] 对比赫特纳的"地理学的相邻学科"说与达比的"地理学研究的基础学科"说，我们看到了前后变化之大，历史地理学研究从客座换到了正座。

1945年达比从剑桥大学转到利物浦大学，就任利物浦

[①] 约翰斯顿主编：《人文地理学词典》，第288页。

大学地理系主任，并发表了就任演讲，题目是《地理学的理论与实践》。演讲中，达比以利物浦大学地理系为例，倡导地理学研究的四项要领：1. 区域研究；2. 从历史方面入手；3. 田野、城市间的散步（即实地考察）；4. 对社会现实的关怀。① 值得注意的是，这篇演讲的题目是关于整体地理学的，但达比将历史考察定性为整体地理学的基本工作要领，即所有地理学家都应该从自己的题目出发进行相关的历史考察，若放弃对问题的历史追溯，就是放弃了地理学的一个基本面项，这样的地理学是残缺的，不完整的。这就是达比对历史地理学性质的定位。

达比用简明清晰的语言说明了历史地理学的性质，这在赫特纳等人那里，还没有被如此明确地表达过。达比将"历史地理学"这个曾经含义模糊不清的词语，转变为一个具有确定含义的学术概念，把历史地理研究从游散状态，拉入地理学的体系，完成了从专题到学科的进化。此后，地理学界开始在严格意义上使用这个词语，一方面，与地理学史（history of geography）相区别，另一方面，把边界研究、沿革地理等传统题目，作为一部分议题，编入更广阔的现代新历史地理学视野中。鉴于当时流行的奉区域综合研究为地理学正宗的思想，对特定地理区域的综合历史考察，成为历史地理学居于核心地位的主题。

---

① 1946年侯仁之到达利物浦学习，很快将这篇演讲文译成中文，寄回国内发表在《益世报》上。此文现收录于侯仁之：《唯有书香留岁痕》，第179—193页。

在欧洲，达比对于历史地理学性质的有力定位，代表着一个时代性的认识，这个时代即前引《人文地理学词典》所说的20世纪30—60年代，在这个时代，地理学家们对于历史地理学的属性问题采取了很严格的态度。严格的标志之一就是划清历史地理学与曾为其母体的历史学的界线。地理学家吉尔伯特（E. W. Gilbert）1932年在《什么是历史地理学？》一文中说："历史地理学应该将自身限定在对一个地域某一过去时段的地理描述上，而不应该致力于将历史事件的解释作为其主要目标。"[1] 美国著名地理学思想理论家哈特向也说："地理界中似一致有这个意见：企图用地理学来解释历史的研究——可称之为'地理的历史'——在逻辑上是历史学的一部分，而不属于地理学，虽则地理工作者曾提供了，并继续提供有价值的研究。"[2] 是地理历史学还是历史地理学，这是一个微妙的，却是关键的区别，即解释的最终对象是什么。无论你引用了多少历史文献，关注了多少历史事件，只要最终结论是回答地理问题，你就是历史地理学家，即地理学家。反之，无论你关注了多少地理要素，只要将它们归入历史事件发生的原因，你就是地理历史学家，即历史学家。

达比的思想理论是有高水平的研究实践支撑的，这是他与其他人不同的地方，也是他成为这份学术史代表人物

---

[1] 转引自约翰斯顿主编：《人文地理学词典》，第288页。按吉尔伯特应该参加了1932年的讨论会，这很可能是他在讨论会上的发言。
[2] R. 哈特向：《地理学性质的透视》（黎樵译），北京，商务印书馆，1983年，第101页。

的重要原因。达比在研究实践中总结出一套研究方法,成为区域历史地理学的经典范例。这个方法被称为"横向剖面法"(cross-section,亦作水平剖面法):"达比的力作《1800年以前的英格兰历史地理》使剖面应用于历史地理学的方法论而得以推广。这本书用'连续时段下的序列剖面'来表示'对以往各种地理(学)的重构'(此处应去掉一个学字——作者注),这种方法主要归功于麦考利在其著作《英格兰历史》中对1685年英格兰景观的著名描述。"①

麦考利(T.B. Macaulay)的书是关于英格兰历史的,但他运用了剖面复原的方法来描述几百年前的景观,这或许不是麦考利叙事的主线内容,但达比注意到这种方式的地理学意义。达比说:"剖面方法因其实质上是属于地理学的,并非历史学的,而受到人们(地理学家)的赞同。"②达比汲取了横向剖面的方法,将其引入历史地理研究,并加以完善、推广。达比又进一步指出,剖面复原并不是研究的最后目标,"当我们提问景观为什么是这个样子的时候,我们所承担的就不再仅仅是描述或仅仅是剖面了"③。达比这里的"提问景观为什么是这个样子",就是讲要进一步做地理学的解释。

"横向剖面"不仅仅是方法,也成为一个历史地理学特有的概念。首先,它彻底脱离了历史学的习惯,不再以事

---

① 约翰斯顿主编:《人文地理学词典》,第128页。
② 转引自上书,第128页。
③ 同上。

件为线索，而是将地理学的研究对象直接、明确地呈现出来。其次，"横向"一词含有特定时间因素。横向剖面实际上就是特定时期的一个区域的地理面貌，是区域观点在历史地理研究中的运用，复原剖面就是复原区域景观，目标属于纯正的地理学。哈特向说："地理学是研究在假设的固定时间内地区中现象的结合。……我们通常假定'地理学'一词在未加限定地使用时，是指通过现在的横截面；而'历史地理学'一语则可以用于通过先前时间某一点的完全相似的横截面。"[1] 研究"先前时间的某一点的横截面"，也就是我们常说的断代历史地理研究。这里的"代"可以是某个时间点，也可以是时代，还可以是某个年代。横断面本质是强调综合呈现，不是纵向专题呈现，中国最大的横断面应该是断代历史地理研究，此类研究涉及要素繁多，难度很大。目前这类研究相对较少。

横向剖面方法并不简单，其复杂性在初步做复原研究时并不显露，而进行解释研究时，就会遇到各地理要素不平衡的问题。所谓不平衡，是指它们变化的速度（率）是不同步的，各要素对区域特征所产生的影响力也是不同的。此外，瞬间横剖面在实际工作中由于资料的限制而很难在时间上做到精准划一，每一个横剖面代表的只能是一段时间内的平均状态，有的横剖面时间跨度其实很长，剖面变

---

[1] 理查德·哈特向：《地理学的性质——当前地理学思想评述》（叶光庭译），北京，商务印书馆，1996年，第214页。

成了段块。① 当然，时间精准的事情也是很难办到的，即使是现代地理研究也很难。哈特向从另一个角度也讨论过在地理研究中"时间"的特点是什么，"在我们所称的'现在'，必然包含一段时间"，②地理学家的时间层往往是很"厚"的。

问题讨论：为什么是达比？

这里有个问题需要进一步总结一下，即在达比之前已经有多位地理学家正确地指出了对地理环境进行历史考察的必要性，例如："自从李戴尔（李特尔）著名的《关于地理学中的历史因子》讲稿发表以来，几乎普遍承认地理学必须运用历史资料以解释现有要素的存在和特征。"③此外，像参加1932年讨论的吉尔伯特、达比引征的泰勒，也都指出了历史地理学的性质。那么为什么要把历史地理学的确立归功于达比呢？

比较起来，达比的理论阐述比上述学者更深入，他认为，历史考察不是地理学的个别需要，而是整体需要，尤其在区域研究中，是必不可少的，这就提升了历史地理学

---

① 关于达比的更多介绍可参考邓辉：《克利福德·达比区域历史地理学的理论与实践》。
② 哈特向：《地理学性质的透视》，第83页。
③ 同上书，第84页。

的地位。在研究方法上，达比令横向剖面概念"归队"，回到地理学中，既作为基本的研究方法，也使历史地理研究成果形态具体化、标准化。达比领导了一项重要的、系统的研究实践，即《1800年以前的英格兰历史地理》一书，正是这一成功的实践，让达比自信地说："历史地理学作为一门独立学科的时期来到了。"达比领导的这个学者群体具有成熟的群体自觉意识，他们进行"历史地理学"研究时是有鲜明学术目标的。达比等学者，以群体研究的形式，在地理学中冲出了一个缺口。为什么这么说？从哈特向的反应来看，他对历史地理学的地位仍抱怀疑态度。以哈特向的地位和影响，说明地理学界对历史地理学的接纳并不顺利。所以说，达比等人的理论与实践，具有冲击意义，历史地理学作为"独立学科的到来"不全是水到渠成的。基于上述分析，我们给予达比一个开创者的地位。1936年，《1800年以前的英格兰历史地理》出版的时候，达比27岁。这时，历史地理学在英国已成为一个专门的学术方向，有了专职的历史地理学家，并呈现出相当的活力。当时在英国出席地理学会议的林超先生曾这样感慨："英国于历史地理方面，研究风气颇盛，将来当有特殊之贡献也。（民国二十五年九月二十日记于利物浦）"[1]

还有一个很实际的情况。在地理研究中，如果只是研究过去的社会人文性问题，很难与历史学区分开，而达比

---

[1] 林超：《参加英国科学促进会地理组记》，《地理学报》第三卷第三期，1936年。

的研究包含自然地理现象的变化，这类问题尽管离不开人文社会的背景以及人的参与，但主题是自然的，就比较容易认识其地理学的性质。历史地理进入地理学，一定要在自然地理研究中找到位置，达比找到了。对历史地理问题做系统研究，一定要找到丰富的、足够的资料，达比也找到了，这就是英国11世纪的《清册》（Domesday Book，亦译作《末日审判书》）。那是一次全面细致的社会统计调查，号称路上的一头牛、床角的一枚针都不能放过。成熟的学科建设，要提出一套有效并可以模仿推广的研究方法，达比也做到了，即连续横向剖面法。达比的这些贡献，令历史地理学稳稳地坐到地理学的一把交椅之上，它独当一面（研究历史时期的全部地理），不再是地理学"相邻"的学科。

索尔：以景观为中心的历史地理学

在美国，也是同样，被称作历史地理学的研究很早便出现了，森普尔、巴罗斯（Harlan Barrows）是这个方面的代表，也有以"历史地理"命名的研究著作出版，如1918年帕金斯的《底特律的历史地理》[①]。但评论界认为，这些人的研究主要是谈地理环境对历史发展的影响，而索

---

① A.E. Parkins: *The Historical Geography of Detroit*, Michigan Historical Commission, Chicago, 1918.

尔的研究与他们的"环境影响"原则方向相反。索尔引导的历史地理研究，例如对于殖民史地的研究，得出了另一种原则："相同的地域自然条件对于那些对环境持不同态度、抱不同利用目的和具有不同技术水平的人们来说，会产生完全不同的意义。"① 所以一般认为，美国的历史地理学的新发展主要归功于索尔的引领。

美国的索尔比英国的达比年长 20 岁，开展学术活动要早些。索尔从另一个角度进入历史地理学。索尔关注的地理问题不是区域，而是景观，这一点与达比不同，当然，景观离不开区域，但在观察与叙事上，以景观为引导主线，区域是背景。1925 年，他发表了《景观形态学》一文，树起了历史景观学的旗帜。

20 世纪 10 年代，索尔曾在芝加哥大学地理系攻读博士学位，这时，美国各大学的地理系普遍开始放弃对自然地理的研究，而转向人文方面。② 但索尔并没有放弃田野考察，并在考尔斯（H. C. Cowles）影响下逐渐对生态学产生兴趣，关注诸如人与植物的关系等问题。③ 1927 年，索尔撰写了《肯塔基的荒野地区》，讨论了原始植被的特

---

① 詹姆斯：《地理学思想史》，第 374 页。
② 见约翰·莱利编：《大地与生命——卡尔·奥特温·索尔作品选集》（John B. Leighly, editor, *Land and Life: A Selection from the Writings of Carl Ortwin Sauer*, Berkeley and Los Angeles: University of California Press, 1969.）（梅小侃、余燕明译），"导言"，北京，商务印书馆，即出。
③ 参考邓辉：《卡尔·苏尔与"伯克利文化生态学派"》，载侯仁之、邓辉主编《中国北方干旱半干旱地区历史时期环境变迁研究文集》，北京，商务印书馆，2006 年，第 53—66 页；唐晓峰：《美国文化地理学的奠基者》，《读书》2022 年第 10 期。

性、荒野地区的形成、森林的重新进入等问题,这是对早期自然景观变化的追察。1930年他撰写了《历史地理学与西部边地》,文章起始便设问如下:1. 在人类闯入之前,这个地方的自然特征(尤其是植被)是什么?2. 人们定居的各个中心点是在哪里建立起来,是怎样建立起来的?这个边地经济的特点是什么?3. 在定居和土地利用方面发生了哪些演替?文章最后给出文化景观形成的种种结果。① 这是典型的索尔式议题,即在人类文化的驱动下,原始自然转变为文化景观。索尔的研究不会结束在对某个时期景观的复原工作上,他一定要考察景观演变的过程。

地理学界对景观研究的重视,首先出现在欧洲,以德国为代表。先是有一个前期发展,到了1906年,施吕特尔(Otto Schlüter)做了阐述和提倡,于是进入一个新的阶段。"施吕特尔倡议,地理学者应首先着眼于地球表面可以通过感官觉察到的事物,着眼于这种感觉——景观的整体。他反对地理学的方志释义,并认为,把景观作为地理学的主题将给这个学科一个合乎逻辑的定义。……一个地区的非物质内容——诸如政治组织、宗教信仰、经济机构以至气候的统计平均数——不应当成为地理学研究的主要目标,虽然它们可以被引进用来解释能看得见的景观。"② 施吕特尔还有一个重要思想,对历史地理学很有意义:"他用了历

---

① 参见约翰·莱利编:《大地与生命——卡尔·奥特温·索尔作品选集》。
② 詹姆斯:《地理学思想史》,第216页。

史地理学的方法来分析景观。首先，他区别出他所称的原始景观，即在经过人类活动重大改变以前存在的景观，然后他就去探索一个原始景观转变成为他所称的文化景观，即人类文化所创造的景观的变化过程。他说：探索这些变化过程是地理学的主要任务。"[1] 这是他在20世纪20年代讲的东西，这一思想被索尔继承并发扬光大。

景观在欧洲人思想中有两个含义，一个是上面说的区域可见景物，另一个是风景审美、风景画，即景观画。现在很多欧洲人还是把景观理解为自然风景，欧洲的世界遗产专家就是这样，他们说的景观遗产一定是以自然风景为基础的。这类景观"并无一定的区域含义"[2]，而今天的地理学中早就采用城市景观、人文景观这些概念了。

索尔在伯克利大学受到人类学很大的影响，所以有人认为他的研究属于文化生态学，后来被称为伯克利学派（Berkeley School），但也有人认为是历史地理学。事实上，这两个特点，兼而有之。1940年，索尔当选为美国地理学家协会（AAG）主席，做了题为《历史地理学导言》的主席演说，从此他在美国历史地理学界的重要地位不可动摇。美国的历史地理学者愿意把他与大西洋对面的达比并称，认为他们各自引领了本国历史地理学的建立，虽然他们各自的特点是如此不同。

美国还有一位地理学家布朗（Ralph H. Brown），利用

---

[1] 詹姆斯：《地理学思想史》，第216页。
[2] 同上书，第217页。

历史资料，写出了通论性的专著《美国历史地理》。① 不过，此书受到资料限制，没有资料的地区就没有怎么写，所以并不完整。布朗没有学生，没有产生更大的影响。而索尔的学生很多，在历史地理方面影响最大的是克拉克（Andrew Hill Clark），但克拉克没有继承老师的学术风格，转而研究区域专题历史地理。他在《爱德华王子岛历史地理研究》② 一书中，绘制了大量地理复原图，这些地图，犹如一个个不同时代的地理剖面（地理要素是选择的、专题的），其间的变化很直观。

不过，索尔承认景观是有区域差异的，所以，他并没有否定区域研究，只是强调研究的内容不要太散，散到别的学科里。索尔以为，放弃景观就容易滑到其他学科去，地理学研究一定要有地表印记，不能是抽象的。在研究文化景观时，其递进程序是：生活景观是基本的，然后是制度，再后是意识形态。当然，在景观形成的程序中，常常是意识形态先行。承认意识形态或文化先行，是索尔这个学派（即伯克利学派）的特点。

在索尔的研究中，文化景观是核心议题，所以也被归类为文化地理学，有时文化问题讨论得多，历史过程相对简单，这时历史地理学的特质会淡化。特别是当"新文化

---

① 拉尔夫·亨·布朗：《美国历史地理》（秦士勉译），北京，商务印书馆，1981年。
② A. H. Clark: *Three Centuries and the Island: A Historical Geography of Settlement and Agriculture in Prince Edward Island, Canada*, Toronto: University of Toronto Press, 1959.

地理学"兴起，索尔的伯克利学派成了新学的靶子，这就更让人把它归于文化地理学了。伯克利学派的重要成员泽林斯基（W. Zelinsky）写了一本有名的书《美国文化地理》①，这就更坐稳了文化地理学的交椅。但仍有人没有忘记索尔研究的历史地理学属性。但他确实与达比的角度不同。所以有人把达比的区域研究看作正宗的历史地理学。②

守正，却未能创新的哈特向

在达比宣布现代新历史地理学诞生之后，在地理学界当然会引发讨论，一部分人接受达比的说法，但也有一部分人抱质疑态度。对于这些质疑，我们也应当关注。质疑的意见往往是从冷静保守的角度提出来的，很可能是发展起来的新学术需要处理好的问题。

理查德·哈特向是20世纪中期美国最重要的地理学家之一，毕业于芝加哥大学，先后在明尼苏达大学和威斯康星大学任教，1939年出版了《地理学的性质》一书。"在地理学思想史上，有时出版一本书，可以作为一个里程碑。《地理学的性质》就是这样的一本书。"③ 在这本书中，哈

---

① *The Cultural Geography of the United States*, Englewood Cliffs: Prentice-Hall, 1973.
② 在北京的一次国际地理学大会上，一位新西兰历史地理学者对我和吴松弟说："咱们都是达比的传统，是真正的历史地理学。"
③ 詹姆斯：《地理学思想史》，第384页。

特向参考并评议了三百来种理论方法著作,他的书因此"被广泛宣布并认定为地理学思想的主要奠基人的观点的权威论述"①。不过,由于内容繁杂,结论并不清晰。于是在1959年哈特向又出版了一本直接做正面阐述的简明著作《地理学性质的透视》。在地理学思想理论上,哈特向是一位影响很大的学者,对于很多问题的总结相当精辟。正因为此,他对历史地理学的看法才引人关注,并成为讨论的一方代表。

在《地理学性质的透视》一书的第八章中,哈特向说:"大部分地理研究的目的是描述和解释现在的世界,但在本章前几页中已提到有些研究的焦点集中于过去。地理工作者经常承认一个称之为'历史地理学'的领域,但作为整个地理学领域的一部分,它应包括哪些探索内容,曾发生了许多争执。"②其实,哈特向本人正是这些争执的最重要的当事者之一,在许多美国历史地理学发展史评述中,他是个"反面角色"。

关于达比,哈特向在早年的评论中说:"最近由达比主持的《1800年前的英格兰历史地理》一书,由不同作者写成的各章中,可以看到两种迥然不同的研究:即为描述过去地理的时间横截面而设计的研究,和集中于给地区带来变化的历史事件和经济发展的研究。"③哈特向在这里所说

---

① 詹姆斯:《地理学思想史》,第385页。
② 哈特向:《地理学性质的透视》(黎樵译),北京,商务印书馆,1983年,第101页。
③ 哈特向:《地理学的性质》,第218页。

的前一类研究，正是达比提出的区域历史地理研究法。哈特向认为剖面方法在理论上不错，但实际研究中很难做得圆满。"理论上，人们可以构想任何区域无限数量的独立的历史地理（剖面），如能把这些历史地理（剖面）以快速的连续顺序加以比较，就可以获得从最远古时代到现在一个地区地理的电影。但在实际上这却是完全办不到的。"① 哈特向只承认可以把"较为小量的区域地理横截面"② 拿来做比较研究。他还说："正如达比曾经观察到的，现有事物的一个完全解释没有疑问地需要追溯到最早的关联性，并考虑其后的演变。但是，完全解释是永不可能的。在一个地区的现在地理情况的研究中，不能够每条根都伸到底；研究者必须在某一地方切断这个效果递减的探索。"③

对于索尔，可能因为同是美国人，哈特向谈得比较多。首先关于景观研究，索尔主张："地理区是一种有形之物，对这有形之物要描述其形式的特点来讨论它，按其结构来认识它，按其起源、增长、和作用来理解它。"④ 哈特向却说："景观本身确是一种浮面的现象，一门把它作为唯一对象全力以赴地研究的科学，也会是肤浅的科学。"⑤ 他举例说，被植被全面覆盖的地方，土壤就脱离了景观范畴，而

---

① 詹姆斯：《地理学思想史》，第218—219页。
② 同上书，第219页。
③ 哈特向：《地理学性质的透视》，第99页。
④ 转引自哈特向：《地理学的性质》，第176页。
⑤ 哈特向：《地理学的性质》，第189页。

对于地理学家来说，土壤是重要的地理要素，"不论这种土壤是连片的，没有植被遮盖的，还是只有季节性地暴露一下，或者永久为森林原野所覆盖，它一样都要研究"①。另外，气候也不在景观范畴中，但对于地理学来说，它是要直接研究的要素。

其实，索尔的景观概念是作为问题提出的起点，而问题自然具有延伸性，甚至外延性。在对问题做分析、解释时，必然涉及与其具有关联性的其他事物。在对植被景观做解释时，必然要联系气候与土壤。景观研究，只是对事物做考察的一种结构方式，景观是结构的中心，其余要素围绕景观要素作逻辑功能性就位。哈特向当然明白这一点，但他仍在理论上把景观研究看作对地理研究的简单化。

关于索尔的景观历史研究，哈特向说："在我国，索尔明确主张在地理学中运用历史学方法。""在他本人对《圣弗南多德韦利卡塔的遗址与文化》的研究中，对年代次序如此引人注目，他那研究是否可以不作历史、反作地理来看，实在是大成问题的。"②哈特向认为索尔的做法是偏离了地理学。

索尔主张，在做溯源考察时要上溯到最早的原始时代，即人类初次登场的时期。哈特向则说，为解释现在的地理而作历史上溯研究时，真正的关键点是：在"探索现有要

---

① 哈特向：《地理学的性质》，第189页。
② 同上书，第205页。

素的发展需要或应该对过去追溯到多远？地理学对现在的研究应在什么程度上遵循历史的顺序？"① 这显然是站在现在地理研究的立场。哈特向甚至认为，与现在地理无关的过去地理是不必研究的，在做回溯研究时，"只需要追溯到足以进一步理解地区变异中现存的现象关联性为止"②。意思是不需要脱离与今天的关联性而盲目地、孤立地做历史研究。

总观哈特向的思想，其基本点有这样几项。其一，哈特向坚持认为地理学的目标是认识当下，"似很少疑问：它的主题是在于理解目前存在的世界"。③ 在地理学研究中是否要考虑时间因素，哈特向不否认，但他只把它看作个别问题的需求，"时间之所以重要的方式和程度在地理学不同部门中有着显著差异"。④ 在他看来，考虑时间因素不是地理研究的基本需求，这是与达比、索尔的重要分歧之一。哈特向说："地理学主要描述对象是现有要素相互关联所形成的地区变异特性，对过去要素的解释性描述就必须从属于主要目的。"⑤ 意思是，历史地理研究是地理学的辅助学科。而达比认为，历史地理学是地理学整体的必要组成部分，研究大地以往的面貌及其变化是地理学的基本任务之一。

---

① 哈特向：《地理学性质的透视》，第84页。
② 同上书，第86页。
③ 同上书，第82页。
④ 同上书，第85页。
⑤ 同上书，第99页。

在哈特向学习和接受地理学的时代,的确大多数人并不关心"过去的地理",在对地理问题进行解释的时候,也不大在意历史解释,而是专注在逻辑解释。那时的地理科学刚刚诞生,追求的是科学规律,学者们的绝大部分精力都用在对现状的考察、记录以及做逻辑性解释方面,并没有感到做历史解释的必要性。科学原理是在逻辑解释中求得,当代的资料足以支持这种研究,而历史解释对于逻辑性原理,贡献不多,至少是效率不高。历史解释会引入大量人类历史行为,甚至是偶然性行为,这对于总结科学原理,干扰太多。

美国历史地理学家对哈特向漠视时间性的思想进行了集中的批评,强调了在地理研究中做历史考察的必要性,即使是追求逻辑性原理,长时段的观察也是必要的,因为有些地理变异是在很长的时间中完成的。有意思的是,有些学者在批评哈特向漠视时间(历史)的思想时,甚至拉出了康德,认为是康德在哲学的基本层面带头把时间与空间分开,令研究空间(地理)的人只关注空间,不必去管时间(历史)。当然,这个批评有些勉强。

哈特向的另一个思想特点是不支持对单要素做历史研究(即纵向主题),他认为地理学研究的"不是它们在地球上的各自变异,而是现象之间相互关联的地区变异"[①]。他尤其不支持对特定要素做长时段纵向研究,即达比所说的

---

① 哈特向:《地理学性质的透视》,第106页。

纵向主题研究。哈特向认为:"这种在时间上追溯很远的研究,以某种要素的发展原因作为焦点,许多学者认为它们与系统科学或历史学更为接近。"① 所谓系统科学,指从古典地理学中派生出去自立门户的专项学科如土壤学、水文学、植物学、人口学等。地理学的本质在于研究各要素之间的关联性,即"合奏",而不是把它们打散,一个个去"独奏"。哈特向的这一思想,应是现代地理学的重要传统。值得注意的是,在美国地理学界,历史地理学的研究确实以区域研究为主,特定要素的纵向研究不多。日本学者菊地利夫也指出了这一点。②

在哈特向对历史地理研究的质疑中,除了要不要研究的问题,还有能不能研究、能研究到什么程度的问题。哈特向有些质疑是从"实际"出发,认为任何具体研究都是有限的,全景目标不可能达到。哈特向对历史资料也缺乏信心,他举布朗的例子,因为布朗研究美国历史地理,第一个就遇到资料不全的问题,所以拿出来的《美国历史地理》,实际上缺少很多地区。哈特向从"实际"出发所提出的质疑,其实是典型的理论与实践的关系问题。理论追求是逻辑上的完美,实践是具体研究的实操,理论全景与实践近景存在差异是极为正常的事情,二者性质有别。理论与实践的关系应相互关照,而不是用以互相指责。这应是

---

① 哈特向:《地理学性质的透视》,第84页。
② 参见菊地利夫:《历史地理学的理论与方法》(辛德勇译),西安,陕西师范大学出版社,2014年。

一个基本的立场。达比在理论上是一个完美主义者,但他在实践中又是个现实主义者,他说:在研究英格兰历史地理时,"这些考察很难由一个人完成,这就是进行合作研究的理由"[①]。

哈特向的言论代表了原有地理学界的流行理念,历史地理学专科的建立,正是冲破了地理学的原有流行理念,在西方,可视为地理学的又一步发展。历史地理学作为学科的确立,允许并鼓励人们独立地研究历史某个时期的地理,而不一定要立即"兑现"与今天的对接。探索不同时代环境中的人地关系、空间形态、景观特色,都是对整个地理学的学术贡献,这可以丰富地理学研究的时代特征,揭示历史中"所有可能的世界"。另一方面,哈特向的质疑也表明,历史地理学从它诞生的那一天开始,就携带着比其他地理学分支更复杂的"胎记"。这种复杂性,既是历史地理学的难点,也是它的特点,企图消除这些特点的努力也是不必要的。

地理环境存在变化,是历史地理学立身的前提。恩格斯曾经说:"如果地球是某种逐渐生成的东西,那么它现在的地质的、地理的、气候的状况,它的植物和动物,也一定同样是某种生成的东西,它一定不仅有在空间中互相邻近的历史,而且还有在时间上前后相继的历史。如果立即沿着这个方向坚决地继续研究下去,那么自然科学现在就

---

① 达比《1800年以前的英格兰历史地理》序言。

会进步得多。"① 今天谈这个问题,似乎没有必要了,因为,这个变化已经是不争的事实,其重要性也是显见的常识。在学术界,更多的新学科加入历史环境问题的研究,例如环境史、环境考古学等,而他们都是从历史地理学的基本立场派生出来的。

另外,以现代地理学研究的标准衡量对古代地理的研究,当然有差距。但这并不意味着会降低古代地理问题研究的难度。研究历史地理,其实是有"双重难度"——一个是来自史学的要求,另一个是来自地理学的要求。在地理研究这一面,所获得的证据不可能是齐全圆满的,比起当代地理问题的研究,总是有"缺环",二者之间相比,犹如一个刚出窑的新瓷瓶与一件刚出土的宋代瓷瓶碎片。二者比较,各自的价值何在?新瓷瓶具有十足的应用价值,但旧瓷片却携带着对新瓷瓶的解释价值。

尽管有哈特向等人的质疑,达比与索尔的研究理念还是受到学术界的欢迎和高度评价,达比被封授爵士,索尔两度当选地理学家协会主席(一次是荣誉主席)。在他们的时代,西方地理学对于历史考察提出了需求,这种需求主要来自对地理学学术完整性的认同,来自纯学术的价值观。对学术完整性的认同与纯学术价值观在近现代的西方十分流行,乃为科学革命时代的余绪。即使是哈特向的批评,

---

① 这是侯仁之先生经常引用的一段话,见恩格斯:《自然辩证法》,北京,人民出版社,1971年,第12页。

也仍然是纯学术的，正是对纯度的更高要求，哈特向才在实践层面担心出现偏离地理学的问题。尽管哈特向在主观上对历史地理研究持严厉的质疑态度，但他所提出的问题，在历史地理学家进行实际研究的时候，都有正面参考价值。

附文 1

美国历史地理学的几个特点

20世纪20年代后，美国人文地理学的影响日益增加，其历史地理学的发展也相当引人注意，出现了几位很有成就的历史地理学家。美国学术本来就与欧洲不同，而具有浓厚区域历史特色的地理学更表现出独特面貌。这里对美国的历史地理学的发展，就其特色之处做一概要的介绍。

文化与过程

历史地理学在美国既是一门独立的地理学分支，又是其他地理学分支中经常出现的思想方法。因为美国地理学已明显地偏于社会科学的性质，地理学的研究对象多为社会与人文问题。历史思考，作为探索和理解社会与人的基本思想方法之一，必然渗透在各类问题的研究中，无论是经济地理、政治地理、区域地理、文化地理、城市地理、人口地理，历史考察均被视为基础性工作。从广义上说，每个地理学者都是"事实上的,或潜在的历史地理学者"。①

美国历史地理学的发展,一方面受整个西方地理学,甚至整个社会科学发展的影响,另一方面当然有赖于历史地理学家们的独特探索。20世纪20年代,索尔提出一套研究文化景观演变过程的理论。其后,他本人,并率领他的学生,开展了大量历史地理研究,开创了兼有文化地理与历史地理特色的所谓"伯克利学派"。

伯克利学派虽然也强调研究演变,但在对演变的理解上与达比学派不同,而有发生学的性质。如梅尼(D. Meinig)所指出的,达比(包括与其方法类似的美国历史地理学者克拉克)所研究的演变是指时间之间的变异(changing between the times),而索尔强调的演变则是贯穿时间的过程(changing through the times)。② 前者的一个个剖面,由于在时间间隔上大小不等,只能显示一个间跃的历史。而过程则意味着一个连续性更强、更紧密的历史。索尔说,过程并不是一个简单的年表,而是一个有机的、前后一体的生长史。

索尔批评了当时在美国很有影响的哈特向学派的将时

---

① 这是英国历史地理学家达比的观点。见 H. Darby: On the Relation of Geography and History, in *Transactions and Papers*, Institute of British Geographers, 19, pp. 1-11。
② D. Meinig: Andrew Hill Clark, Historical Geographer, in *European Settlement and Development in North America, Essays on Geographical Changes, in Honor and Memory of Andrew Hill Clark*, edited by J. Gibson. Toronto: University of Toronto Press. 1978.

间与空间截然分开的理论，指出缺乏对历史过程的兴趣是以往美国地理学传统的缺陷，强调人文地理学应是一门研究发生问题的科学，要研究起源和过程，研究某一种生活方式是怎样在特定的区域位置上发生、发展并向其他地方传播的。

许多评论家曾指出，在人类学极为发达的美国，索尔的理论方法带有很浓的文化人类学色彩。索尔本人曾明确提出文化人类学应是人文地理学的亲密伙伴，因为文化景观代表着人文地理学的全部形态对象，于是人文地理应该就是一部文化历史地理。所以，索尔的历史地理研究大多是关于某一文化在地域空间内的起源过程与成长过程，特别是在某一地域内文化景观取代自然景观的过程。在这一过程中，"文化是动因，自然条件是中介，文化景观是结果"。他为自己的这个思想做过一个图解：

$$
\begin{array}{c}
人口密度 \\
房屋构造 \\
文化 \rightarrow 时间 \rightarrow 自然景观 \rightarrow 生产类型 \rightarrow 文化景观 \\
交通 \\
等等
\end{array}
$$

索尔认为，探索过去的文化景观演变过程需要三个方面的基础准备：第一，对所研究文化的整体把握；第二，对现存证据的广泛搜集；第三，对该文化所处地域的详尽了解。在这种倾向性的支配下，索尔的研究不可能仅仅限于文献研究与图面复原，而必须是对某一地域的人、文化、自然环境、景观面貌的全面考察和全面描述。不用说，实地考察在索尔的伯克利学派中至关重要。索尔本人在美国和中美洲做了大量实地考察，对美洲当地文化的形成、分布、景观做了许多研究。他的主要著作后来被他的学生编为《大地与生命》一书。

文化景观

景观，作为一个地理学概念，如同区域、区位、地方、空间、距离一样，是基本概念之一。最早使用"景观"这一术语的是德国人。1925年，索尔在美国发表《景观形态学》一文，将景观问题详加阐述。自此以后，景观概念在美国地理学界几乎是人人皆知、人人皆用的概念，并不断出现讨论景观问题的理论文章。

从初始含义来说，景观是指地面上的可见景物，大至山川城镇，小至房屋街景。这些景物被索尔概括为自然与文化共同塑造而成的地表。这些"塑造物"是一个区域的全部地理呈现，它们的构成、它们的演变、它们的含义、它们的象征，恰恰是地理学研究的主要内容。

景观概念不仅强调了地理现象的统一性，即自然与文化的统一，以及景物与景色的统一，也强调了文化对自然地表的塑造与再塑造。索尔认为，文化景观取代纯粹的自然景观，是人类地理环境中的普遍现象、普遍过程，所以应当成为地理学研究的基本课题。值得一提的是，索尔的文化景观理论是在批判"地理环境决定论"的背景下提出来的。在19世纪末与20世纪初，环境决定论是西方一种盛行的地理学与社会学理论。它过分夸大了自然环境对社会文化的影响，声称全部社会文化均是自然环境缔造的结果。索尔则反过来强调文化对自然环境的改造，强调文化的决定作用。正因为此，索尔的《景观形态学》一文又被看作批判地理环境决定论的重要文献。

渐渐地，景观被扩展为一个含义甚为丰富的概念。有些学者强调景观是社会历史文化的地理体现，注重研究特定的景观与特定的社会文化的联系性，例如贫富差别、文化差别、阶级差别、教育差别、历史差别等等，是怎样反映在景观内部的构成上。历史地理学者指出，今天的景观乃是过去社会文化的积淀，恰似一座储藏丰厚的档案库，又如一幅色彩错综的拼合板，其间有不同的历史层次，有过去时代的可以触知的信息。追溯上去，可以发现过去的政治、经济、宗教习俗、价值观念、美学趣味，顺理下来，则可以跟踪现存景观的塑造过程。

有些学者借用符号学的方法，将景观看作由一系列符号构成的"文本"（text），而研究这一特殊文本的写作与解译，研究信息从作者（指推动景观形成的社会文化、人群、事件、甚至个人）进入文本（即景观本身）又向读者

（景观的感知者）传导的过程，以及这一过程中的可靠性与变异性。这些学者怀疑景观传递信息的可靠性，认为传递过程充满变异，而读者的阅读过程实际上是一个再创作的过程。尽管索尔意识到对过去的景观应力求用过去人们的眼光，如此方能"看"出过去时代的含义，但这些学者认为，让今人安上过去的眼光几乎是不可能的，因而历史地理研究的性质是今人对过去的创造，而不是复原。

研究景观与观者的相关性的学者指出，一方面文化景观具有某种强制力量，迫使人们领受它的含义，例如宗教庙堂的森严。但另一方面，不同的观者可能偏爱不同的景观，这被称作景观选择或者景观认同。此外，如果丧失了景观与观者的文化对应关系，景观的含义可能会走样。一座深山房舍，对于美国人意味着舒适与富有，而中国人看了，则可能担心它的安全。在这一方面，有的学者走得过远，几乎全然否定景观的客观性。他们认为景观只存在于人们的感知之中，没有观者的主体感知，景观则是一盘散沙，有了观者的感知，景观才具有意义。因此，世上本没有一座自在客观的纽约景观，有的只是约翰的纽约或者是张三的纽约，那些高楼大厦的影像在约翰与张三的感知中很不一样。

且不管学者们的思想方法的差别，景观概念的建立毕竟开辟了一条地理学研究的独特方向，特别是对于文化地理与历史地理的研究，因为景观概念所强调的，正是地表景物的文化深度与历史深度。地理现象不仅仅是一种空间形态，也是一种文化形态、历史形态，如梅尼所说，区域景观乃是区域历史的组成部分。研究景观的历史深度是美国历史地理学的特色之一。例如索尔的学生尼芬（F. Kniffen）对路易斯安那州的房舍景观进行了考察与分类，并追寻不同景观形成的原因，从而揭示了该州的移民历史。①

不难看出，景观研究实际上是一种文化地理研究，索尔所创立的伯克利学派，在不少人看来也是一个文化地理学派，索尔本人也被看作文化地理大师，在美国的历史地理学中也因此形成了很强的文化历史地理研究传统，例如近年美国历史地理研究的代表性著作，梅尼教授的《美国的塑造》，就是从景观研究的角度来总体把握美国大地文化面貌的形成过程。

文化发展的区域结构

地理学的研究终究离不开空间、区域这些概念。美国以威斯康星大学为代表的中西部地理学派具有很强的区域研究传统。在历史地理学方面，克拉克为其代表人物。他注重研究地理现象在区域内的分布模式，以及这种模式的

---

① F. Kniffen: Louisiana House Types, in *Readings in Cultural Geography*, edited by P. Wagner and M. Mikesell, Chicago: The University of Chicago Press, 1962.

变化。其方法是利用地图的形式，复原一幅幅不同时间的地理模式，然后解释不同时间的模式的差别。例如在关于爱德华王子岛的研究中，他将五个不同时期的农业人口分布模式与土地利用模式分别绘成155幅地图，极为详细地展示了该岛空间结构的变化。如此细密的区域历史地理研究，在历史地理学文献中是不多见的。

以克拉克为代表的"区域"学派，与伯克利学派明显有别。克拉克重视区域模式，注重经济发展，代表的是传统的地理学方法。而伯克利学派则认为"文化"是对人们行为方式、活动结果的最佳概括，文化景观是人类各种行为的最终地理体现。尽管在实际研究中不可能不遇到区域性问题，但在主观上，伯克利学派并不注重区域的模式或区域的界定。地图在这些学者的研究中只被看作一般性的手段，而不似在"区域"学派那里那么关键。

例如索尔本人的研究中就很少使用地图，而只是大量的景观描述。在西海岸的伯克利"景观"学派与中西部的"区域"学派各树一帜的形势下，出现了一些学者试图博采两者之长，而研究文化景观的区域问题。在这方面的代表人物是雪城大学（Syracuse University）的梅尼。梅尼的《美国的塑造》一书是布朗《美国历史地理》之后的又一部全国性历史地理巨著[1]，描述了美国文化从其核心区域，

---

[1] D. Meinig: *The Shaping of America: A Geographical Perspective on 500 Years of History. Vol.1 Atlantic America, 1492 – 1800*, New Haven: Yale University Press, 1986.

即由波士顿、华盛顿、芝加哥和圣路易四点确定的平行四边形区域,向全国范围产生影响的过程。

梅尼研究的重点是大范围内聚落与区域的形成过程。他强调,"区域"并不是个天然给定的东西,而是后来创造的结果。作为一种概念,区域是用来进行地理学思考的工具和手段,因而属于思想意识的范畴。历史地理学既不是研究自然区域,也不是像克拉克那样研究给定的区域,而是研究区域以及区域系统的形成过程。梅尼认为,文化空间系统是由"结"(node)与"线"(line)两大因素组成,在结构上呈现为"核心区"与"扩散区"。所谓核心区,是指文化的生长区位。在这里,人、文化与地理区位相结合,形成稳定的、成熟的文化景观,然后,在一定条件下,向临近地区传播,形成各种类型的扩散区。在扩散区内,文化景观不像核心区那样纯粹和密集,表现为不同程度的混合型。梅尼用这一方法研究了摩门教文化区的形成,阐述了这个美国最为独特的文化群体自犹他州的盐湖谷地向周围扩展,从而形成摩门景观区的过程。[①] 如果说伯克利学派研究的多是文化景观取代自然景观的过程,那么,梅尼研究的则是一种文化景观取代另一种文化景观的过程。摩门文化向异教文化区的扩展包含着扩展—收缩—再扩展这一波浪式的过程。最终形成的摩门文化区则呈现三重结构:

---

① D. Meinig: The Mormon Culture Region: Strategies and Patterns in the Geography of the American West, 1847 - 1964, in *A. A. A. G*, 55, pp. 191 - 220, 1965.

核心区、控制区和影响区。

在《美国的塑造》一书中，梅尼以一种宏大的气势，考察了由西欧、西非和美洲东部构成的大西洋文化群对美国文化的形成所产生的巨大影响。他追溯了西欧、西非诸文化在北美大陆登陆并相互融合的过程，提出了一系列美国文化区域的形成和演变模式。如梅尼在本书序言中所说，这一研究所注重的是区位、区域、网络与循环体系的形成。全书的分析则遵循六大地理学原则：

1. 地理背景（geographic context）
2. 地理范围（geographic coverage）
3. 地理尺度（geographic scale）
4. 地理结构（geographic structure）
5. 地理相持（geographic tensions）
6. 地理演变（geographic change）

在表述方法上，梅尼采用了大量模式化地图，即在普通地图上绘制区域模式的图解，以显示不同文化的衔接关系与运动趋势。另外，书中还附有大量图画作品，以展现不同时期不同区域的景观特色。作为一个历史地理学者，梅尼具有很强的"动态"意识，这不仅体现在他所设计的那些显示运动趋势的模式图解上，也体现在对全书的命名上。在书名中，他特意使用了"塑造"一词的进行时态shaping①，以表示美国大地的塑造过程并没有终止，而是

---

① Shape一词，有形成、形构等义，这里为了突出景观形态，而不是内在生成，故译作"塑造"。

仍在进行。①

文化研究与历史地理

总体来看，美国历史地理学的特色主要是围绕着文化研究而形成的。像索尔那样兼文化地理学者与历史地理者为一身，正是这种特色的缩影。文化地理是一个内容很宽泛的概念，在美国的传统说法是"文化地理学就是将有关文化的思想应用于地理问题"。② 这种过于概括的语言当然不能算作定义，它仅仅指出了文化地理学研究的大方向，却没有说明它的内容。文化地理学的内容难于用定义式的语言来界定，而只能用叙述语言来表达。

文化地理学，像其他地理学分支一样，离不开与大地的联系性。大地表面那些由于人的影响而产生的特征，对文化地理学具有特别意义。文化可以被理解为人们的生活方式，或价值体系，或行为控制系统。一个特定的人类群体，在特定文化的支配下，在其所在的区位或区域中，必然创造出与其相适应的地表特征，文化地理学就是要鉴别与区分不同的文化区域，考察文化景观，探索文化历史，

---

① 这是在一次谈话中梅尼教授直接告诉笔者的。
② Wagner and Mikesell: *Readings in Cultural Geography* 一书序言。此书汇集了近 40 篇文化地理研究的重要文章，在美国学者中被视为文化地理学的重要经典。因为是绿色封面，美国同学称作 Green Bible。

研究人类介入环境、利用环境、改造环境的方式。一般认为，文化地理学的研究中，包含五大主题：文化、文化区域、文化景观、文化过程和文化生态。文化区域体现着文化的空间存在形式，文化景观则是文化在地表的表现形式，文化过程即文化的运动与相互作用，文化生态则反映了人、文化、环境三者的统一性。

将有关文化的思想应用于历史地理问题，不外是将文化地理研究的主题加上时间、历史、过程这样一些因素。由于文化地理学强调的是人地的相关性，特别是强调人对地的改造，那么历史时期的大地不仅仅是人们进行政治、经济、军事活动的舞台，也应是人类的创造对象。今日的环境已成为人造环境，所谓自然环境，只是指环境中的自然因素，而环境整体已经不是"自然"的了。此外，人类在改造环境、对大地表面进行建设的过程中，不仅仅是寻求功能上的效益，也伴随着浓厚的审美趣味与价值趋向。也就是说，人们既有利用大地为自己服务的一面，又有在大地之上表现自身的一面。

基于这样一种思想方法，历史地理学可以首先从今天的地表现象出发，考察这些地表创造物的历史层次和衔接方式，并探索现象背后的动因或动机。在资料条件充分的情况下，可以对过去的文化区域或文化景观进行复原和分析，研究不同时期不同文化对地面的影响过程。另一方面，历史地理学甚至可以研究过去时代人们的环境观念、环境趣味、环境想象，以及这些观念的演变。总之，展开对文化现象的研究,使历史地理学更加注重"人"的因素。对问题的剖析,不只是阐述"地"的原因,还要发现"人"的原因。在这个意义上,历史地理学已经不仅仅是"地学"了。

(本文原名"文化与过程:美国历史地理学特色一瞥",载中国留美历史学会编:《当代欧美史学评析——中国留美历史学者论文集》,人民出版社,1990年。略有修订)

附文 2

美国三位热爱历史问题的地理学家

我们都知道,中国现代历史地理学的建立,主要是一些历史学家的地理学转向而引领出来的。现代历史地理学的三位开创者谭其骧、侯仁之、史念海原本都是学历史学的,后来以不同的形式吸收了地理学的理论方法,从而开拓出历史地理学这个内容十分丰富的研究领域。

与中国的情形正好相反,美国历史地理学的推进是一些地理学家转向历史探索的结果。这里举出三位学者,最具代表性,他们在问题意识上引入历史视角,并相应地吸取必要的历史研究方法,开出新局面。

第一位是布朗,他本是一位经济地理、区域地理学家,任教于明尼苏达大学。他最初是研究大平原的历史地理,20 世纪 30 年代中,改为研究东海岸的聚落历史。像一个历史学家那样,他阅读了大量历史文献,研读东海岸图书馆的老地图。1943 年发表了《东海岸,1810 年》。之后,他的研究向美国全境扩展,终于在 1948 年出版了名著《美国历史地理》。这本书在出版时,布朗已经谢世。没有见到自己的收山著作,是布朗的一大遗憾,而他的第二个遗憾是没有培养出可以继承其学术的研究生。

布朗没有学生,他基本上是孤军奋战的。但直到1986年,他的《美国历史地理》一书一直是唯一的美国历史地理通论。这本书依区域分章节,包括:大西洋沿岸、俄亥俄河和五大湖地区、西北部地区、大平原地区、落基山至太平洋地区。不过,由于历史资料的不平衡,书中关于各地区的篇幅相应地也很不平衡,东海岸的部分占了三分之一的篇幅。而因为资料的完全缺失,南方地区、中西部地区则完全没有论及。

布朗的思想有一点值得注意,他认为面对历史,有两个"过去"(past):一个是遥远的过去,对于这个时段,只是要用历史资料重建;另一个是近代的过去,对于这个时段的研究,应与今天结合。

第二位学者是克拉克。他是加拿大人,在研究生阶段跟索尔学习地理学,1944年毕业。从研究特点来说,克拉克可算是索尔的"反叛学生"。(其实,索尔也是一个"反叛老师"的学者。他的老师之一是著名的女地理学家森普尔。森普尔以"环境决定论"闻名,索尔则以批判"环境决定论"获得声誉。)克拉克虽然毕业于伯克利,却没有完全走索尔所引领的"伯克利学派"的路子。伯克利学派注重研究文化景观的演变,既是历史地理学,也是文化生态学。索尔本人强调野外考察,在野外搜集资料,关注的区域大多是农村地区,在那里可以有机会观察到从原本的自然景观到文化景观的演变。在城市区域要观察从原本自然景观到文化景观的转变基本不可能。故而，有评论说，索尔的研究是非城市性的、非文献性的。

克拉克的研究却十分注重历史文献，善于对一个特定的区域做十分精细的研究，在研究中，又善于复原一系列的时代地理剖面，这一点很像英国的达比。克拉克的书中，可以见到大量地图，详细显示不同时期的区域面貌。

克拉克的学术基地是威斯康星大学，在20世纪五六十年代，他推动了美国历史地理学的进一步成熟。有同行学者说，要是没有克拉克，布朗推动的历史地理学会被遗忘掉。

克拉克的辛勤工作，提升了历史地理学的地位，在推进历史地理学正式成为地理学的一个专业性分支的事情上做出很大贡献。在这一贡献上，有些像我国的侯仁之先生。说来也巧，他们两位分别是20世纪中期大西洋两岸的两位历史地理学大师的学生，这两位大师是英国的达比和美国的索尔。

索尔曾说，地理学界不重历史，而在他本人及其学生克拉克的示范下，美国地理学界涌现大批关注历史地理问题的学者，虽然他们不是专门的历史地理学家，但在研究中十分注意历史考察。当然，这也与美国地理学越来越强的社会人文倾向有关。美国历史并不深远，200年内的发展与今天有直接的关联性，所以研究今天问题，很容易回溯过去的发展背景。而中国则不同，19世纪以前仿佛是"另一个国家"（英国历史地理学家 D. Lowenthal 说：The past is a foreign country.），研究那些时代的地理问题，相对来说，与今天关联性较远。

因为克拉克的研究运用大量历史文献，史学方法显著，所以他的研究路数被称作"历史的历史地理学"。这是为了表述与索尔的"文化的历史地理学"的区别。

克拉克主要研究加拿大海上殖民地的历史地理问题。1959年出版了《加拿大爱德华王子岛三个世纪的聚落与农业》①，书中有大量地图，除了全面复原区域的地理面貌以外，还对问题进行了深入的分析，阐述了各种因素的多方面作用。他特别指出，各个地理因素的变化速度是不同的，因此要揭示各个方面发展的不平衡性。1968年他出版了《新斯科舍地理》一书，讨论加拿大这个地区125年间的历史。这项研究的特色是运用了统计学的方法。此书受到加拿大史学界的奖励。

到1972年为止，克拉克已有17名博士生毕业，向北美地理学界输送了一批生力军，历史地理学的发展形势很好。克拉克的学生中以哈里斯（R. C. Harris）最为杰出。哈里斯长期在加拿大温哥华的不列颠哥伦比亚大学地理系执教，并成功主持编辑了《加拿大历史地图集》第一卷。

第三位学者是梅尼，在欧美历史地理学及文化地理学界，在美国历史学界，均有很大影响。他长期在雪城大学

---

① *Three Centuries and the Island: a historical geography of settlement an agriculture in Prince Edward, Canada.* Toronto: University of Toronto Press, 1959.

地理系任教，曾任雪城大学麦克斯维尔学院的荣誉教授。

梅尼的治学综合了布朗、索尔、克拉克三人的特点，善于利用历史文献，在景观问题、区域问题上都着力研究。梅尼曾指出克拉克研究的不足，认为他虽然重视区域，但忽略了过程，指出历史地理学不仅仅是研究时间之间的变异，更应该研究变异在时间中的过程。

关于美国西部摩门教文化区的研究论文是梅尼的代表作之一，他着眼于过程，考察分析了摩门教文化区的形成与扩展的方式及进程。这篇论文既是历史地理学的名篇，也是文化地理学的范文。关于文化景观学，梅尼还主编了《普通景观的诠释》① 一书，汇集了英美最有影响的一批文化地理学家的力作，影响很大。

梅尼有一个研究习惯，自己生活工作在美国的哪个地区，就会有一部像样的关于这个地区的历史地理研究问世，例如关于哥伦比亚平原、得克萨斯州的著作。

1972 年，梅尼汇总西部问题，发表了《美国西部：地理学研究导论》② 一文，值得注意的是，"西部"一词他用了复数。在他的笔下，美国西部不是一个区域，而是众多区域的结合体，可以分辨出 6 个主要区域及核心城市：

1. 新墨西哥州的圣塔菲，在 16 世纪末由西班牙人建立。欧洲人为这个地区带来羊、牛、马、骡等，增加了这

---

① *The Interpretation of Ordinary Landscape*. Oxford: Oxford University press, 1979.
② D.W. Meinig: American Wests: Preface to a Geographical Interpretation, A.A.A.G., Vol.62, No.2 (Jun., 1972), pp.159-184.

里的资源。有两个半世纪，新墨西哥是独立发展的。印第安人捕获了欧洲人丢失的马匹，从而也成长为骑手。

2. 犹他州的盐湖城，这是由杨百翰（Brigham Young）领导的摩门教徒在1847年建立的摩门区的中心城市，规划独特。

3. 俄勒冈的波特兰，位于英美共同的殖民区内。英国一方主要在温哥华，那是个毛皮贸易重镇；美国人大多为南部的农业移民。后来，英美以北纬49度为界，将两方隔开。

4. 加州北部的旧金山，淘金热使这个原本不起眼的地区迅速成为一个轴心。这里的地方财富助长了地方主义，可以不依靠东部纽约的华尔街。

5. 加州南部的洛杉矶，在此地区墨西哥人的势力很大。

6. 科罗拉多的丹佛，这座城市是西进的铁路枢纽，经济意义大于文化意义。在这里，各类经济混合，形成特有的多样性。

梅尼在研究中提出两类复合性概念关系。一个是边疆与区域群，边疆是一个笼统的概念，而区域群是一大片内涵复杂的地带。另一个是均质（generic）性与独特性，美国西部不是一个完全均质的文化延展地区，而是充满着独特性亚区的群体。这里有印第安人的世界、墨西哥人的世界、摩门教徒的世界、淘金者的世界、牛仔们的世界。比较而言，美国西部是群岛模式（insular pattern），而东部是"大饼"模式。

皇皇巨著《美国的塑造》①是梅尼的代表作,其材料之精、视野之广、论证之新,在历史地理学界十分罕见。此外,梅尼还因为精彩的历史地理学课程的讲授,获得了美国历史学会的大奖。

(2011年8月4日补写)

---

① 梅尼的这部巨著最终为4卷,第2—4卷为:
 The Shaping of America: A Geographical Perspective on 500 *Years of History, Volume* 4: *Global America*, 1915 – 2000 (New Haven, Yale University Press, 2004).
 The Shaping of America: A Geographical Perspective on 500 *Years of History, Volume* 3: *Transcontinental America*, 1850 – 1915 (New Haven, Yale University Press, 1995).
 The Shaping of America: A Geographical Perspective on 500 *Years of History, Volume* 2, *Continental America*, 1800 – 1867 (New Haven, Yale University Press, 1992).

第二章

作为学科的历史地理学的形成

（下）

中国的历史地理研究传统是很悠久的，至少在《汉书·地理志》这部所知最早的以"地理"命名的文献中，就已经把追溯过去的地理作为文本的必要内容。后来的各类地理文献中，讲一个地区过去的地名、行政区划变迁、有无古城遗址、有何河渠变化等等，几成惯例。只是，很多这样的地理记录、地理讨论，都夹杂在历史叙事当中，成为历史研究的一类专题。古代图书分类，也把地理书放在史部。当然，这些研究还没有被称作历史地理，一般叫疆域沿革史，或沿革地理。

古人一般所讨论的地理问题，大多与历史事件交融在一起。一边讲历史，一边介绍地理，这样，历史事件会更加落实，所以很受史家称道。而很多史学大家也都愿意移出一部分精力，把有关地理问题好好考订一番。古代单纯的地理学家很少，史地结合，在古代知识形态中是正常的。从历史地理学的立场来说，这其实是好事，这正是一份深厚的原始学术土壤。传统知识人基于历史研究而产生的对地理问题的兴趣，是历史地理学的原动力之一，中国近现代学术受益匪浅。

中国古代学术领域中形成了系统的地理观（对于今天来说，当然是历史地理观），其核心主流是对于王朝江山的记录、论证、维护、传承，可称为王朝地理学。接连不断编写的"地理志"成为王朝时代地理学中最系统、最准确、最有决定性的文本，由以形成研究王朝地理的资料特色与学术特色，传统沿革地理就是建立在这套文本之上的。文本的思路规定着沿革地理学的思路。行政区划与地名变化、历史事件的地理位置、地理形势（地利，里面包括风水）等，这一套内容在王朝时代是够用的——知识够用，解释方式也够用。

在王朝历史的晚期，西方近现代地理学理念传入中国，对王朝地理学造成根本性的冲击。而现代新历史地理学的研究，也必然要脱出王朝观，以新的视野，重新认识历史时期的各类地理现象，以新的问题意识，重新阐释数千年来中国大地面貌的变迁过程。这一学术转变是一步步完成的，相应地，现代新历史地理学是一步步形成确立的。

晚明时期，以利玛窦为代表的西方耶稣会士将西方地球知识带入中国，稍微动摇了中国传统的以王朝为中心的天下观。清末因边务吃紧而掀起的边疆史地（四夷地理）研究高潮，也是对王朝地理的某种突破。研究四夷，原王朝地理的叙事套路不适用，须以更加实际的眼光做观察，要尊重事实也就要尊重其人与地，口气也得变，不能以轻蔑的辞句做丑化、简化处理。四夷地理研究一直影响到王国维、顾颉刚。当然，顾颉刚的研究背景又不一样。

格物致知的思想也曾把学问向解释变革的方向推了一下，但苦于没有具体的解析"物"的手眼方法跟上，没有什么结果。王阳明"格竹"就是个例子。另外，清朝初年也有人对原来的地理学问不满意，本书序言提到的孙兰就是一个，他提出"志""记"和"说"的区别："志也者志其迹，记也者记其事，说则不然，说其所以然。"① "说"就是解释，然而解释要有相关学科的支持，没有其他学科知识的帮助，对地理问题的解释很难深入。刘师培敏锐地看到了孙兰思想的先进性，同时也看到他当时的孤独状况，所以感慨："使明清之交，人人能读兰书而发扬光大，则吾国格物致知之学当远迈西人。"

近现代地理学的新气象与新历史地理学意识的出现

到了19世纪末、20世纪初，近现代地理学思想随着一些外国访华学者和中国归国留学生进入中国，新的地理学理念在知识界迅速传播，学者们对中国大地开始进行新的观察与解读。"厚德"的大地转变为"科学"的大地，并负有"启蒙与救亡"的使命。张之洞《书目答问》云："今

---

① 见序言。

人地理之学，详博可据，前代地理书特以考经文史事及沿革耳。若为经世之用，断须读今人书，愈后出者愈要。"

不满足于描述性，而要求解释性，是近现代地理学界普遍的呼声。西方近现代地理学提供的正是一套解释原理。于是人们积极行动，宣传地理学的"新生命"。《地学杂志》（第十二年第三期，1921年）上有一篇译文《近代地理学之起源》，称赞欧洲的洪堡与李特尔，"于散乱无统之地理学，披草斩荆，以新此学之面目者也"。此二人所努力的，乃"建立系统分明之科学"。译者选词生动：今日新地理学犹如"罗丹之雕像。活跃毕肖，栩栩如生，有离石飞动之观。地理学之在今日，盖欲脱离久囿于各种干燥单纯之事实，而另建一新生命"。可见，人们对新地理学有着相当美好的向往，新地理学呈现一派鲜活气氛。

"近现代地理学的建立有赖于三个条件：一是地理资料的积累，二是社会经济建设的推动，三是近现代科学方法和技术手段的引入。"[①] 我国早期现代地理学家们则是全方位的努力。救国，发展国家经济，是社会各行各业的目标和职责，这一推动力不在话下。地理资料是科学性的新资料，要以科学的方法获取和积累，需要付出大量劳动。而对于新的科学方法与技术手段，则必须积极学习。中国近现代地理学在20世纪初的二三十年间，获得迅速发展，至30年代中期，"有大学讲席任倡导之责，研究机关供深造

---

① 杨勤业、杨文衡主编，杨勤业、张九辰、浦庆余、鲁奇著：《中国地学史》（近现代卷），南宁，广西教育出版社，2015年，第4页。

之阶，专门学会以事讨论，定期刊物以资观摩，实地考察之风气，亦至近年而渐盛，故我国地理学至今已有轨道之可循矣"①。

20世纪初，地理学与地质学、气象学混称地学（因为都是地球表面的东西），其中地质学发展得快一些，一方面它关乎工矿等强国大业，十分受重视，另一方面它研究的内容集中不乱，同质性强，直观性强，资料容易得手（只要肯到野外跋涉，就可获得大把的一手资料，而野外跋涉是一种容易把握、容易解决的困难），又没有旧学思想的羁绊，是全新学问。地质学带来大地演变的观念，这对研究地表的地理学具有启发，地理也是变化的，这对于历史地理学的发展是重要的依据和鼓励。地质学从根底认识中国大地，也为地理学提供了最扎实的基础。《地学杂志》（第九年第二、三合期，1918年）上有一篇译文《中国南部地质大要》，里面援引"里取多芬"（今译李希霍芬）的观点：秦岭以南为南方，"兹述此一带地质之大要，并与中国十八省北部、满洲南部、朝鲜北部及日本之地史系统，比较研究"。这样从根基上而不是从地表形态上认识中国地理，是地质学的启示。

在近现代地理学发展的背景中，历史地理研究也有一些变化。原来的沿革地理研究是根深蒂固的传统，数量仍然占优。但也有一些新地学家在涉及历史时期的问题时表

---

① 张其昀：《近二十年来中国地理学之进步》（上），载《地理学报》第二卷第三期，1935年。

现出两类新意：一类是用现代理论纠正古人的理念，另一类是提出新的问题。

前一类的例子可举翁文灏的《中国山脉考》和《中国地理学中之几个错误的原则》等。在《中国山脉考》中，翁文灏对中国古代关于山脉的一些说法进行了批判，指出应从地质构造的角度来考察中国山脉的分布体系，他写道："若以为地轴之中（昆仑）与五岳之首（泰山）固应共出于一系也者。实则山东地质构造与河南不相连属。伏牛山脉东南走为桐柏大别，以至于皖北之天柱，按之地势，揆之地质，莫不皆然，与泰山殆风马牛不相涉。"① "前清帝者遂创为泰山导源长白之说，以自尊崇其发祥之地。……在今日地质学观之，则长白山与泰山，岩石时代成因盖无一同者。"② 翁文灏又在《中国地理学中之几个错误的原则》一文中辨古济水"三伏三见"之说："夫济水既入于河而混于河水矣，又岂能独复再出。即使伏入地下，而其地皆冲积层，水入其中，百流皆合，济水又岂能独自保存。无论禹贡原文应如何解释，而济水绝河复出三伏三见，在物理要绝不可能。"③ 不过，翁文灏等对于传统旧说的批驳，最终目的并不是要研究历史地理，而是要为新学开路，张其

---

① 翁文灏：《中国山脉考》，载氏著《锥指集》，北平地质图书馆发行，1930年，第229—262页。引文见第238页。
② 同上书，第239页。
③ 翁文灏：《中国地理学中之几个错误的原则》，《锥指集》，第262—268页，引文见第265页。

昀说，那些传统谬误，"足为斯学革新进步之阻者"①。

第二类的例子可举张其昀推崇过的几项研究，如丁文江的《有史以来大江三角洲之发展》、翁文灏的《搜求历代地震带之分布》、竺可桢《阐明历史上水旱灾害之脉动现象》、斯文赫定《发现西北沙漠中湖泊之迁移》等成果。这些都是新问题。② 在丁文江的活动中，还有一件我们都熟悉的事情，即发起对徐霞客的现代评价。此事含有宣扬地理思想变革的意义，他总结了徐霞客的多项地理发现，热情赞扬徐霞客"欲穷江河之渊源、山脉之经络"的精神。丁文江是在用古人激励今人。

张其昀感到了新历史地理研究的潮汐微动，他借用陈寅恪的说法："陈寅恪君有言：'一代之学术必有其新材料与新问题，取用此新材料以研求问题，则为此时代学术之新潮流。治学之士得预于此新潮流者谓之预流（借用佛教初果之名），其未得预者谓之未入流。此古今学术之通义，非彼闭门造车之徒所能同喻者也。'我国自科学兴起，史地二学均采用新方法与新观点，于是在旧日所谓沿革地理范围之外，增益不少新材料与新问题。"③ 陈氏的话很有名，他是针对史学研究而言，20世纪新材料主要指殷墟甲骨文字、塞上及西域简牍、敦煌文书、内阁大库书籍档案等。

---

① 张其昀：《近二十年来中国地理学之进步》（四），载《地理学报》第三卷第二期，1936年。
② 同上。
③ 同上。

而在地理学这一方，地质构造、海拔高度、三角洲沉积层、植物种类以及各种定量数据等都是因新观察而得来的新材料。

在20世纪初年的历史地理研究中，《地学杂志》发挥了一定的促进作用。《地学杂志》由张相文于1910年创办，聚集各类题材的地理文章，面对各类读者的需求，这也体现出社会对地理学的关注度之高。《地学杂志》的作者由几位留学归国的地理学者构成核心，专业定位鲜明。张相文本人重视疆域沿革问题，曾在北京大学讲授相关课程。《地学杂志》也乐于刊登沿革地理的文章。当时评论说："北平之中国地学会为张相文先生等所创办，成立于前清宣统元年，为中国近代各学会最早者之一，对于历史地理尤多贡献。"[①] 此处所说的历史地理研究的贡献，主要是沿革地理方面的研究，但也夹有新鲜内容。

《地学杂志》是一个专门为探讨地理学问、宣讲地理知识而设立的平台，一些传统风格的作者，例如丁谦及北大史学门的某些学生，他们喜好考证古代地理问题，乐见这个地理学自家的平台，便带着沿革问题研究，进入地理学园地。这是有意义的，它在日益独立的地理学环境中，保持历史问题研究的方向。另一方面，老一代地学家中有些人（如章鸿钊等）在青少年时期有很好的国学训练，读古书轻而易举，脑子里历史这根弦绷得也很紧，遇到一个区

---

① 见《地理学报》创刊号，附录：中国地理学会的《本会发起旨趣书》，1934年。

域、地理问题，很容易从古代谈起，这有文化习惯的成分。但这些谈古，都比较简单，只是叙述一般知识，大多不提供深入研讨，无须解决什么古代地理问题，还不能算现代化的历史地理研究。

在《地学杂志》上有一篇以全国水利局署名的《淮与江河关系之历史地理说》①。作者先讲淮河历史，之后从历史中总结出当代治河的思路。题目中虽有"历史地理"词样，但作者自称此文是"先举历史次言地理"，文中的确是先讲历史治水，后讲今天地理，历史与地理是前后两件事，不是我们所说的真正的"历史地理"的意思。但文中对古今地理知识的差异，有所对比，却是有意义的。例如："中国地理，但有平面开方图，而无水准高下图。河淮地势之高下若干，言治水者亦只凭流向之目验以为准，自较仪器测量者精粗有别。"

张其昀对历史地理学的初步认识

除了《地学杂志》，历史地理研究还散见于其他刊物、文集，总之，在地理学迅速发展、社会影响迅速扩大的背景下，历史地理研究确实得到推动，似乎有了获得一席之地的前景。1935年，在张其昀发表的《近二十年来中国地

---

① 《地学杂志》第六年第二期，1915年。

理学之进步》（上）所开列的地理学分支名单中，就有"历史地理"。[①] 不仅列出名字，张其昀还做了成果总结。他在该文中说："近二十年来此类研究（指历史地理）供献甚多，本章按其内容，加以条贯，试分六节述之：（一）环境变迁，（二）疆域沿革，（三）生聚资源，（四）文献渊薮，（五）名胜史迹，（六）边徼四裔。"

张其昀归纳历史地理学的发展是："我国自科学兴起，史地二学均采用新方法与新观点，于是在旧日所谓沿革地理范围之外，增益不少之新材料与新问题。"还有一项任务是："从前地理上错误之原则，或观念不明，或积非成是，足为斯学革新进步之阻者，均摧陷而廓清之。"这一类廓清旧谬研究，也是为了宣扬新理论。

张其昀已经看出新、旧历史地理学的差异："旧式之历史地理，殆多偏于疆域沿革，即所谓沿革地理，历代正史中之地理志皆属此类，卷帙浩繁，无暇备述。张相文君所著《中国地理沿革史》[②]，理董群书，举其大要，为初学者入门之导师。"而新时代之历史地理学，要以今天的事理，通晓古人的文字。"研究古书于训诂音韵等专门训练以外，尤须具有技术上之理解，否则对于近代文字所记述之事理犹未通晓，安能明了古人之精意？"要通晓今天地理学理论所指出的"事理"，才能真正明白古人做了什么。

尽管张其昀在文章中对历史地理研究做了"条贯"，但

---

① 《地理学报》第二卷第三期，1935年。
② 张相文《中国地理沿革史》，编入《南园丛稿》。

事实上这些研究还是分散的。此处所谓分散，有二义：一是研究历史地理的文章有了，但专门的学者却没有，专门的职位也不见设立；二是作者群是分散的，人们各自为营。由于作者的分散，加之他们对于历史地理问题也是随机偶然涉及，所以在成果内容上必然也是分散的，不足以形成系统性研究。这样的状况可称之为有题目而没有学科，因为学科要承担系统性的建设，要具有累进发展的机制。

此外，张其昀对于历史地理学的理解，并不到位，仍在史地的某种结合上，他的表述有些玄妙："历史地理学之宗旨为何？曰凡历史之演进，悉为地理之生命；又凡地理之变化，悉为历史之尺度。"

张其昀的《近二十年来中国地理学之进步》是发表在《地理学报》上。1934年，由40位学者发起成立中国地理学会，并出版会刊《地理学报》。这是一份纯学术刊物，比《地学杂志》更具有专业性。值得注意的是，在地理学会的40名发起人中，有顾颉刚、谭其骧的名字。估计这是二人创办禹贡学会、出版《禹贡半月刊》而迅速产生的影响。① 这也表明地理学界对于历史地理研究是认可的，体现了相互结合的意愿。不过，从《地理学报》的实际内容来看，历史地理研究极少，顾、谭二人好像也没有给它写过什么东西。

---

① 中国地理学会的最初发起人为翁文灏、竺可桢、张其昀，后邀请多人参与，"事赖众擎，爱欲纠合海内地理学家及科学家、著作家对于地理学有深切之关怀者，共同发起此会"。（见《本会发起旨趣书》，《地理学报》第一卷第一期，1934年。）

历史地理学后来的发展并没有像张其昀预料的那样："纵目观之，俨然有塞草怒长，波涛腾迅之势，预料新潮流之所趋，其成就当不可限量，此亦民国学术史上之一盛事也。"张其昀感到了历史地理学在中国的深厚土壤，是对的，但由于当时条件的限定，历史地理学真正发展的盛事晚到了四十年。

讨论：中国近现代地理学家中为什么没有像英美那样，出现专门研究历史地理的人？

头一个原因应该说是他们救国心切，当代优先。中国近现代地理学，具有很强的社会实践特色，这是当时的国情所决定的。救亡图存任务重于泰山，在这个情怀中，地理学的技术性、工具性最受重视。当代问题研究是压倒一切的。在《地理学报》第三卷第二期（1936年）有一篇附录，是以中国地理学会名义发表的"目前中国地理学应特别注意研究之问题"。出于"注重于国家及社会实际急需之问题"，"本会认为目前中国地理学应特别注意研究者，约有十一个问题"：铁道沿线之地理调查，内地工业重心之研究，农业地理之研究，移民实边问题之研究，民族杂居区域之研究，救济灾荒问题之研究，渔业问题，华侨地理之研究，东北地理之研究，军事地理之研究，世界资源问题之研究。这些都是当时社会发展的急迫问题，在这些问题中，有的会涉及一些历史地理背景考察，但仅此而已。

第二个原因是学术内部的倾向性，即实践应用优于理论建设。那个时期的地理学家，主要精力在运用西方学来的地理学理论去实践，而没有多少继续做理论发展构建的意识。即使是学习西方，也是从需要出发，选择性地学习，例如索尔的历史景观学、文化生态学就没有多少人注意，以至索尔在中国的影响不那么大。1943年，李旭旦在《评哈特向著地理思想史论》①中，以赞同的口气介绍哈特向对索尔景观学派的批评："哈氏于本书第五章中痛斥'景观'一词之无意识。……评者对于哈氏评斥景观学派之论证，深具同感。"哈特向在书中有正式的章节讨论历史地理，提到布朗、达比、索尔，但李旭旦并未关注。李旭旦为中央大学地理系高级班开设方法课时，是"以我国之地理思想背境，大部参考哈氏之论点"，而哈氏是不大看重历史地理学的。在20世纪三四十年代，中国地理学家与索尔失之交臂，而此时正是索尔的学术高峰期（1940年索尔当选美国地理学家协会主席）。中国地理学界直到20世纪80年代之后才充分意识到索尔在地理学界的重要地位。

从根本上讲，在地理学界开展历史地理研究，仅仅对历史考察有兴趣，这还不够，这仅仅是个人的事情。只有把历史考察作为学科发展的必要工作，把历史考察提到地

---

① 载《地理学报》第十卷，1943年。按，哈氏著作名为《地理学的性质》，但李旭旦认为该书重视地理学思想，"觉将书名译为《地理思想史论》，较为妥当"。

理学学科建设的高度，才会真正建立起作为专科分支的历史地理学。而这正是达比在英国所做的事情，也是后来侯仁之等努力在中国做的事情。

地理学者介入历史问题研究，在中国还有一个很实际的困难。在我国，研究历史问题门槛很高。高在哪里？高在历史文献的掌握。中国历史文献浩如烟海，每设定一个问题，都要遍查史料，"竭泽而渔"，甄别考据。这一历史资料大关，一般人是过不好，而非得有较长时间的训练研习不可。一般的地理学家对简单的历史地理问题可以谈谈，若要涉及曲折深入一些的问题，就很容易出现"硬伤"。所以，缺乏把握历史文献能力的人，一般不大选择历史类问题，在地理学界，除了老一辈，绝大多数人都有这个困难。

最后还有一个要说的重要原因，即在地理学界没有带头人，没有出现凝聚性核心。从欧洲的经验看，把历史地理学确立为一个分支，需要地理学者中有人对于历史地理的研究做特别的专注，以现代地理学的理念，深入系统地思考历史时期的问题，聚集历史地理学术群体，把地理研究做大，这才可能引导出一门专科。而在历史学者那一端，已有的研究范式大致令他们满足，没有向地理学理念深处进一步发展的动力。在20世纪二三十年代的中国，竺可桢是中国近现代地理学和气象学的创始人，章鸿钊、丁文江和翁文灏是近现代地质学的创始人。在这几位大家中，最有可能推进历史地理学研究的是竺可桢，但他要做的事情太多，在那个时代，不可能拿出足够的精力用在历史地理上。他最关注气象学研究，而气象学是较早从地学中分离出去成为独立自然科学的学科。

自20世纪30年代中期以后，在地理学界的高层次研究中，历史性内容大为减少，可以说是极少。倒是在历史学界，有一批学者，站出来，专攻地理问题，这就是1934年成立的禹贡学会。那是一批有历史研究功底的学者，集中起来研究历史时期的地理，在学术界产生了很大影响，这对中国现代历史地理学的建立，是关键的一步。终于，从禹贡学会中走出了引领学界半个多世纪的历史地理学大家。

禹贡学会：历史地理研究者的集结

谭其骧回忆20世纪30年代初的情形时说："此时北平学术界中还有不少人正在研究中国古代史中的地名与民族、边疆史地、中西交通史、地方志、地理学与地图史等与历史地理密切关联的学科与课题。时有述作揭载于各种报刊中。而在顾先生和我的班上的学生作业中，也不时发现一些具有一定质量的短文，却又难以找到发表的机会。顾先生有鉴于此，为了推动提倡学术界多搞一些历史地理方面的研究，为了让大学生在这方面的习作有一个发表的园地，一九三四年初，在他的创议之下，并约我合作，共同发起筹组'禹贡学会',即日创办《禹贡半月刊》。"① 这是一次学者自发的聚集,且自筹经费。

禹贡学会是由一批历史学家组成的专门研究古代地理问题的学会。地理学日益扩大的社会影响、当时的社会形势,鼓励了这些热爱地理问题的历史学家们。"窃维士居今日,欲求经世致用救亡图存之学,其道固有多端,而于吾国地理之研究实居重要之一。"② 从禹贡学会发表的各类宣言、序言来看,他们接受了地理学在社会中新的定位,他们与救亡图存者同心,借力于现代地理学之声势,起身重振历史地理研究。

徐兆奎先生总结了《禹贡半月刊》的成果:"初期撰稿人约二十人,不到两年,即增加十倍,到第三年,会员即达到四百多人。起初,刊物每期仅二、三万字,后来每期达到十四万字上下。"③ 半月刊自 1934 年 3 月创刊,到 1937 年"七七事变",出版了 7 卷,共 82 期,发表文章 700 多篇。

不过,在研究内容上,禹贡学者们仍以沿革地理为主。如民国二十四年三月一日撰写的《禹贡学会简章》说:"本会以集合同志,研究中国地理沿革史及民族演进史为目的。"④ 这是对传统舆地之学的继承,是主要的。史学家们

---

① 谭其骧:《谭其骧自传》,《文献》1982 年第 1 期。
② 顾颉刚:《本会此后三年中工作计划》,《禹贡半月刊》第七卷一、二、三合期。1937 年。
③ 徐兆奎:"'禹贡学会'的历史地理研究工作",载《历史地理》创刊号,上海,上海人民出版社,1981 年,第 211—219 页。
④ 载《禹贡半月刊》第四卷第三期。

的朴学传统、求真求实精神，脑中沿革问题意识、目中清代舆地大家的楷模形象等，构成了这一代学者对历史地理研究的学术理解与自我规范。但另一方面，现代地理学的大发展也影响着这些历史学家们，在主观意愿上，他们并不拒绝去接近现代地理学。如请当代著名地理学家洪思齐来学会做讲演，题为《近代地理学之发展》。① 只是由于主客观条件，在实际研究中，未能有大的突破。

在问题选择上，历史学家们长期习惯于一套古代地理问题的研究，这些古代的地理问题是因历史研究的需要而提出来的，在历史学家看来都是相当重要的。他们倾向于研究具有唯一性确切答案的问题，不喜欢探讨具有模糊性、复合性、多面性答案的思想性问题、阐释性问题。历史学的价值观也让他们只看重对历史事件产生重要影响的地理问题，与历史发展无涉的地理问题，他们并不感兴趣。诸如两条山脉的地质构造、植被覆盖是否一致的问题，并不重要，而在军事上的功能是否一致才是要紧的。历史学家的价值观，妨碍了他们向地理学的深处发展，而这正是新历史地理学所要突破的。

历史学家对地理问题的关注，多是形式事实，不是内在事实。比如黄河变迁，只需要弄准改道的时间与位置，而改道的内在水土原理，则不需要管。需要他们做关联性思考的是黄河改道后的社会影响、事件影响等等。而从地

---

① 洪绂（思齐）受业于法国著名地理学家马东，回国后在清华大学任教。

理学角度来探讨古代地理问题,是要找出内在事实,例如后日谭其骧的黄河"安流"(稳定性)问题研究、侯仁之的干旱地区起沙研究。发现内在事实是很不容易的,需要内在关系的发现、内在理论的支持,但古代地理材料多是经验性外观描述。当然古代也有解释,即依托阴阳五行所代表的类比式的解释,它们在现代科学地理学面前,并没有地位。

《禹贡半月刊》中也有少量地理学者的作品。例如李秀洁,山东昌邑人,1936年毕业于清华地学系,在《禹贡半月刊》第七卷第八、九合期发表《释阴山》一文。其核心内容是考订古代文献中之阴山即今日乌拉山及其以东包括大青山在内的长列山岭。但在介绍阴山地理区位特征时,取用现代地理学的眼光,指出:"在此山脉以南之地,为归绥平原与后套平原两大沃野,两区之间,黄河实之。其原生植物分区属于丰茂之草地,故为优美之牧场,游牧民族之最好根据地也。略事整理,即可有农业之发展。……山之北,即为蒙古高原,属于剥蚀地面,土壤硗瘠;又以地近沙漠,雨量稀少,在经济上,除有限之特殊地带,若经惨淡之经营,可以略有农业生产外,其他大部,仅可营牧畜生活。……而阴山山脉亦即成为政治军事以及经济等各方面之自然分界线。"[①] 文中讨论了历史上"阴山"一名所涵盖的范围后写道:"近来地理权威,多主山脉之异同,须

---

① 《禹贡半月刊》第七卷第八、九合期,第35—36页。

视其构造以为定。惟阴山之地质构造，尚未完全调查，故其范围尚不能确为界说。"① 以这篇文章为例，我们看到现代地理学理念已经开始向古代地理叙事中渗透了。

以顾颉刚为代表，在对于禹贡学会发展的远景设想中，有吸收现代地理学理念的愿望，用史念海先生的话说，有"地理化"的趋势。但就当时的状况来说，绝大多数学者的个人兴趣点、史学价值观、精力投入范围，都妨碍他们去学习当代地理学的原理与提问方式，所以很难做到在沿革地理研究上有大的突破，距离一些关键的近现代地理概念，如现代地理区域的概念、地理要素综合体的概念、地理景观的概念等还很远。

禹贡学会的研究，在宗旨上如《禹贡学会章程》所言，注重沿革地理和边疆地理（四夷地理），此类研究的代表性工作可以用《禹贡半月刊》所刊登的《本会此后三年中工作计画》② 作代表。计划有两类工作，一类是"旅行调查"，主要是了解边疆社会，考察那里的经济、教育、宗教、大家族世系、古迹古物、文字等内容，这样的旅行考察很难说是地理学术考察。另一类是真正的地理方面的"编辑与研究"，所列项目有：编译边疆探险记丛书、编纂地名索引、绘制沿革地理图、历代正史地理志之校订与注释、中国内部小民族之研究、历代北部边防之研究、边陲民族史之研究、中文边族史料之搜集、西人专题之研究翻

---

① 《禹贡半月刊》第七卷第八、九合期，第40页。
② 第七卷第一、二、三合期，1937年。

译、外国文籍中边族史料之搜集及翻译。这些大多是传统味道很重的题目。

20世纪历史地理学的发展,是朝向由史学助手转身为独立学科的大方向。在这个过程中,可以说,禹贡学会是处于一种过渡状态,或渐进状态。一方面,"我们研究地理沿革,决不能像从前人一样专注意于郡县名和治所的改换,而应当求其所以改换的原因"①;但另一方面,"地理方面实在不知道保存了多少伪史,我们也得做一番辨伪的工作才好"②。此外还有很多其他史学地理问题需要研究。总之,史学任务太多,要想真正实现历史地理学的改进,需要有人从史学任务中抽身出来。而历史学家们只能做到这里了。

对比英国的情况,中国的历史学家与现代地理学家未能坐在一起深入讨论历史地理学的性质问题。相比而言,地理学家们更缺乏交流的意识,他们正急于建设中国的当代地理学科,没有意识到一群历史学家所做的事情有助于现代地理学体系的完善。他们对禹贡学会的成立,有所知晓,但没有真正放在现代地理学的发展方略中。《地理学报》有一篇讲1934年地理消息的文章,却没有提禹贡学会的成立。张其昀在《近二十年来中国地理学之进步》一文中介绍历史地理的发展,也没有提禹贡学会。

---

① 此为1935年顾颉刚为《禹贡半月刊》第四卷第六期《通讯一束》(三)所作编者按。
② 此亦为1935年顾颉刚为《禹贡半月刊》第四卷第六期《通讯一束》(三)所作编者按。

尽管从后来历史地理学发展的水平来衡量禹贡学会，会看到很大差距，但站在禹贡学会的时代向前看，它对于中国现代新历史地理研究的发展，仍然具有重要推进作用，甚至是关键性的。有几件事显示出其渐进的态势。

首先，学会组建了一支活跃的、精力充沛的学术队伍，以自觉的意识开展古代地理研究，同时又创办了一份专业刊物即《禹贡半月刊》，以罕见的高频率刊发地理专题研究文章。刊物汇聚了这个领域的大量成果，在学术界，甚至社会上，产生了积极广泛的影响，以至惊动了日本的同行，日本历史地理学家青山定男撰文《中国历史地理研究的变迁》，对"禹贡学派"进行评述。此文由魏建猷翻译成中文，登载在《禹贡半月刊》上。如果说，现代新历史地理学的发展的标志之一是从单干学者、散漫研究过渡到学术共同体与专门园地的出现，第一步就是禹贡学会。

顾颉刚、谭其骧是建立禹贡学会的核心人物，他们二人也曾参与地理学会的建立。顾颉刚的研究范围很广，而谭其骧则专注于古代地理，曾在《地学杂志》上发表文章，他逐渐成为古代地理研究的代表人物，具有很高的威望。这为后来以他为核心进行大规模历史地图集编绘工作奠定了基础。

禹贡学会首先在史学界打开缺口，在历史学界开辟了一个更加专门化、集体化的专项领域，形成一项传统，具有可持续性。虽然由于特殊的政治原因，学会暂停，但其中涌现出一些学者（主要是谭其骧、侯仁之、史念海）仍继续进行专门的教学与研究,始终保持着感召力(王中翰、石泉都曾表示,正因为受到顾颉刚、侯仁之的影响才展开历史地理研究的),并成为下一个历史地理学发展时代的领军人物。进入20世纪50年代以后,由侯仁之、谭其骧、史念海为核心的学术中坚,引领了理念与方法的革新,使历史地理学研究呈现空前的繁荣。

新时代的三大导师

所谓历史地理学发展的新时代,是指20世纪50年代开始的加速式发展。这一发展与三位学者的导师作用是分不开的。他们是谭其骧、侯仁之、史念海。赫特纳在回忆自己的老师时曾经感慨:对每个大学老师都怀有极大的感激之情,虽然在他们那里地理学出现的形式各有不同。对中国年轻历史地理学家来说,谭、侯、史三位老师也是如此,他们的特色不同,但方向一致。三人的不同贡献恰恰说明了中国历史地理学走向高水平的三个重要组成部分,是认识中国历史地理学的三个基本要领。

"禹贡学会虽然中途夭折了,这种'地理化'还不断在加强,初期所奠定的基础也逐渐在稳固和扩大。一些本来从事沿革地理学的研究者,也相继重视和钻研地理学科,这就为沿革地理学转变和发展成中国历史地理学创建了更为有力的条件。"① 以下，我们首先以侯仁之为例，关注这个"地理化"的持续性与突破性。

1937年，禹贡学会的活动虽然停止，但侯仁之出自对于地理学的热爱，仍在历史研究的大环境中（机构中）自觉地追求地理学的新思想、新路径、新问题。侯仁之研究地理学最初的动力是个人兴趣。在燕大，他虽然在历史系，但总是尽可能选做地理类的题目，乐于把历史问题中的地理因素挑出来，成为历史地理题目。1940年11月，有一个北京妇女联谊会邀请洪业讲"北京的历史"，洪业转请侯仁之去讲，题目却变为"北京的地理"。1941年11月20日，燕大举办第二次大学演讲，侯仁之演讲的题目是《北平的地理背景》，听众百余人。这个时候，对于北平地区的历史地理研究，侯仁之已经取得系统性认识，那是一个逐渐摸索出来的全新阐释体系，即后日臻于成熟并被高度评价的城市历史地理学范式。

在1942年草就的《北京的地理背景》②中，侯仁之写道："从现代地理学的观点看来，无论哪一种地理现象，都不是偶然产生的。北京这个地方之所以能够发展为一个伟大的历史都会，也一定有它特殊的地理地位上的重要性。关于这一点我原先很想从古人的议论中去寻求答案，但是

---

① 史念海：《中国历史地理学的渊源和发展》，载氏著《河山集》（六集），太原，山西人民出版社，1997年，第1—55页。引文见第26页。
② 此文基础为狱中腹稿。1941年太平洋战争爆发，日军封锁燕京大学，侯仁之因曾掩护进步学生而遭逮捕，关在日本监狱达半年之久。在狱中的危困环境中，侯仁之仍未放弃对北京历史地理问题的思考，在"狱中曾撰有《北平都市地理》腹稿，出狱后即移记纸端，以为后日续作之张本"。

结果却非常失望，因为这一类的议论虽然很多，但都不能满足我们的要求，有的过于简单，有的过于抽象，有的又失于堪舆家的妄言附会。"① 他进而提出：要"把北京局部的地理地位，放在全部相关的地理地位的关系上来加以分析，这样我们才能真正认识北京地理地位的重要性。这个观点，就是现代地理学研究上所谓'地理区域'的一个基本概念"。② 侯仁之所说的地理区域概念，触及了现代地理学的一个关键概念，尤其是提到要关注"全部相关的地理地位的关系"。

1941年夏，侯仁之为燕大暑期学校开设"地学通论"课程（Principle of Geography），讲授现代地理学的基本原理。1943年，侯仁之在寓居天津期间，在私立达仁商学院讲授"经济地理"课程。1944年，转至法国天主教会创办的天津工商学院后，侯仁之仍担任经济地理教授，并"经常去日本书店采购日本出版的各种地理书和地图之类"。③ 有当时人的回忆："在'工商'，侯先生教中国地理，用的是英文课本。"④

在燕大历史系，最了解侯仁之地理学志向的是洪业（煨莲）教授。侯仁之回忆：早在1934年秋，"余以选择大学本科论文题目，就教于洪煨莲师。质以兴趣之所在，贸

---

① 侯仁之：《北京的地理背景》，《唯有书香留岁痕》，第145—156页。引文见第146页。
② 同上书，第147页。
③ 丁超：《侯仁之学谱》，北京，文津出版社，2019年，第114页。
④ 同上书，第118页。

然以地理对"。1935年,"当我知道煨莲师的弟弟,他是从法国留学回来的,在清华教地理学,我就想转学到清华去学地理。煨莲师不同意,但他已经看出了我的兴趣已经转到历史地理学上来了,他说:'你不必去清华,让他来给你讲……'"① 按洪业的弟弟即著名地理学家洪绂,1934年成立的地理学会发起人之一。

洪业看到了侯仁之的学术进取需要"加强地理学的训练"。侯仁之说:"我清楚地记得1938年秋的一个早晨,我的老师,著名的中国历史学家洪业教授是怎样把我喊到他的办公室,对我说:'择校不如投师,投师要投名师。'当我还在琢磨他说的是什么的时候,他继续说:'我们已经提名你接受去利物浦大学地理学院深造的奖学金了。在这所跟世界广泛联系的大学里,你将会认识一位世界知名的地理学老师。他就是罗士培教授。'"② 应该说,与顾颉刚同事并了解禹贡学会工作的洪业,这里不仅是对侯仁之的关怀,也是对中国历史地理学界的建议。侯仁之此番赴利物浦深造,其意义不仅在个人。

侯仁之于1946年8月5日从北京启程,经上海、新加坡,于1946年秋到达英国利物浦。侯仁之幸运地进入了一个历史地理学氛围浓厚的利物浦大学地理系,因原定导师罗士培去世,改由新任系主任达比教授任其导师。达比"出身剑桥,为当代英国历史地理学之权威。战前主纂《英

---

① 丁超:《侯仁之学谱》,第48页。
② 同上书,第128页。

国历史地理》(*A Historical Geography of England before A.D. 1800*)一书,堪为斯学典范"。① 在地理学界有一个如此重量级的专职历史地理学者,在中国未曾有过,这一形式上的特征已经令人耳目一新。

待侯仁之读到达比1945年所做的就职演说时,更觉"耳目清新,非同凡响"。这份演讲是从整个地理学的学科结构中认识历史地理学的基础性地位。侯仁之毫不迟疑地将这篇演讲译成中文,寄回国内,发表于《益世报·史地周刊》。可惜随着禹贡学会活动的暂停,会员四散,关于历史地理学的讨论,未能获得群体性的集中关注,这篇文章在国内没有产生预期的影响。

侯仁之有时称自己在利物浦的学习为"进修",因为有极强的针对性,再基于自己的经验,侯仁之对于达比的思想能够迅速地理解和接受。关键点是,历史地理学归属于现代地理学体系(不是像在中国那样栖身于史学领域),以区域研究为主旨,方法是系列横向剖面的复原,并对演变进行解释。按地理学的区域概念,得之不易,在西方乃经过半个来世纪的大讨论,这一概念对应的内涵是区域内各类地理要素特有的联结方式,即区域综合体,它不是一般谈话中的地区。

达比所论述的历史地理学的性质,与侯仁之内心的追求与焦虑相向共鸣,对侯仁之是极大的鼓励和支持。这很

---

① 侯仁之译达比演讲稿:《地理学的理论与实践》译者前言,《唯有书香留岁痕》,第179—191页。引文见第179页。

像当年顾颉刚听胡适报告的感受那样，听到了自己心里想讲却讲不出的话。① 侯仁之在利物浦亲眼看到地理学中地位显赫的历史地理学派，看到含有丰富地理学养分的历史地理研究成果，看到富有经验与学养并受人尊敬的历史地理学大师，当然十分兴奋。这既加深了认识，又增强了自信。历史地理学最终应植根于地理学，这一点与中国的反差，令侯仁之深有感触。回国后第二年，侯仁之便提出了历史地理学的正名问题，这不仅仅是正名，更是涉及学科性质、研究范式、发展前景的学术改革。谭其骧后来说，在呼吁历史地理学改革的人中，"北京大学侯仁之教授的意见最为有力"。②

1950年7月，侯仁之发表《"中国沿革地理"课程商榷》一文说："我认为旧日大学里被称作'沿革地理'的这门课程应该尽早改为'历史地理'，这不应该单单是换汤不换药的名词上的更改，而必须是从根本的立场观点与方法上把这门课程彻底地改造过来。"③ 在这篇不长的文字中，侯仁之以浅显的语言把问题讲得十分清楚。

"以往各大学中关于'中国沿革地理'的讲授，主要是讨论中国历代疆域的消长和地方行政区划的演变，这些问题在一个专修中国历史的学生看来，也许是重要的，但除

---

① 1917年10月，顾颉刚在北大听胡适讲中国哲学史，有感："他的议论处处合于我的理性，都是我想说而不知道怎样说才好的。"见《古史辨》序。
② 谭其骧、葛剑雄：《中国历史地理学》，载肖黎主编《中国历史学四十年（1949—1989）》，北京，书目文献出版社，1989年。转引自丁超：《侯仁之学谱》，第168页。
③ 载侯仁之：《历史地理学的视野》，第3—6页。引文见第5—6页。

此以外，在和地理有关的方面，有没有比这个更重要的问题呢？"① 侯仁之首先把立场从历史学转到地理学。那么，还有哪些更重要的地理问题呢？"举凡每一时期中自然和人文地理上的重要变迁，如气候的变异、河流的迁移、海岸的伸缩、自然界动植物的生灭移徙以及地方的开发、人口的分布、交通的状况、都市的兴衰等等，凡是可能的都在讨论范围之内。"② 这些问题组合在一起，就是一幅地理学研究的完整画面。

研究过去的问题有什么意义呢？"对于专修历史的学生来说，每一个不同的时代的历史，也不能不了解那一个时代的地理。""真正的历史，包括人与自然斗争的历史。""至于对专修地理的学生来说，今天的地理不是自古以来就是如此的，……因此要真正了解今天的地理，也必须了解过去的地理，这期间也自有其发展规律的存在。"③ 侯仁之最后强调，历史地理学已经在地理学中"独树一帜"了，我们必须跟上这一发展。

1961年，侯仁之又在《北大学报》上发表另一篇重要的理论文章《历史地理学刍议》④，援引恩格斯关于地球演变的论述，再论开展历史地理学的必要性。国内学界基本

---

① 侯仁之：《"中国沿革地理"课程商榷》，引文见《历史地理学的视野》，第3页。
② 侯仁之：《"中国沿革地理"课程商榷》，引文见《历史地理学的视野》，第4—5页。
③ 侯仁之：《"中国沿革地理"课程商榷》，引文见《历史地理学的视野》，第5页。
④ 载侯仁之：《历史地理学的视野》，第17—29页。

上接受了侯仁之的观点。自20世纪五六十年代起，历史地理研究的新局面逐步展开。在地理学界，历史地理研究获得了正规的地位，成立了研究室。在随后的岁月中，侯仁之在不同的时期，针对不同的问题，陆续写过多篇关于历史地理学的理论文章，始终坚持在理论上对这门学科进行宣传、推动与捍卫。

我们这里比较详细地回顾侯仁之的学术路径，是为了理解一种典型的转型过程，即从历史学的原初地出发，逐渐深入地理学的问题域，转变解释方向，最后接受以地理学为本体的新范式。这类转变在大多数出身于历史学的历史地理学家身上，或多或少都曾发生过，而侯仁之是最早的自觉者。后来，侯仁之、谭其骧两位出身于史学的历史地理学大家被评为中科院院士一事，说明了这一转变完成的深刻性。

谭其骧年轻时便表现出治学天分，所打下的沿革地理基础最为扎实深厚，无人匹敌，在这一基础上向新历史地理发展，具有运用历史文献与把握王朝地理特点的突出优势。而正因为有扎实的基础，其向历史地理方向的每一步扩展，都具有极强的说服力与带动性。谭其骧严谨的作风不仅为其个人，也为整个中国历史地理学赢得了尊重。

历史地理学界有这样一位学者坐镇，清除了人们（尤其是来自史学界的学者）的怀疑。资料运用水平得到史学界一流学者的信任，这是中国历史地理学要获得承认时必须解决的问题，也正是此前虽然地理学界有不少人置言历史地理问题，但未必获得学术界广泛承认的原因之一。谭其骧从史学转入历史地理学界，是后者的幸运。

20世纪30年代，青年谭其骧便在历史地理基础研究上（沿革地理学），有重要学术成果，建立了学术声望，他的两汉州郡研究、《新莽职方考》（收入《二十五史补编》）等，达到了传统历史地理（沿革地理）研究的高峰。在后禹贡学会时期，他持续在高等学校讲授疆域沿革史（也在清华大学代过中国地理课），提升了这一基础历史地理课程的质量，并延续着禹贡学会精神。谭其骧最早成为疆域政区研究的青年代表人物。对古代地理学的继承，是他最突出的贡献之一，这是现代新历史地理学建立的重要基础。①

1942年，谭其骧任浙江大学（在遵义，1946年9月复员回杭州）史地系教授。此期间的浙大，竺可桢为校长，张其昀为史地系主任，谭其骧为史地系教授。应该说，浙大史地系具有后禹贡学会时代国内条件最好的历史地理人才成长环境，尤其在那个特殊的时代，浙大史地系的存在对于历史地理学的继续发展，具有特别的意义。首先，谭其骧本人"不仅结识了大多数中国最著名的地理学家，与他们建立了深厚的友谊和良好的交流关系，而且弥补了自己地理学的不足"，所以，"能将历史学和地理学完满地结合起来，他在1980年成为中国历史学界唯一一位从属于自然

---

① 这是辛德勇先生多次谈过的看法。

科学的中国科学院地学部委员，绝不是偶然的"。① 而对于学生来说，"史地系历史和地理的结合也使学生受益匪浅，复合、创新型的人才在这种环境中脱颖而出"。② 例如陈述彭，他毕业于地理本科，研究生的方向却是历史。陈述彭做过中国地图学史的研究，后来以遥感运用的杰出成就蜚声国际，被评为中国科学院院士。

文焕然是谭其骧在浙大的研究生，毕业于地理学本科，后被录取为史地学部史学研究生。在谭其骧的指导下，他选择了与气候变迁关系密切的动植物分布变化的研究方向。20世纪50年代，"在竺可桢担任了中国科学院副院长后不久，就将文焕然从福建调至地理研究所，在他的指导和支持下从事历史动植物变迁的研究，40多年间，文焕然发表了数十篇重要论文，成为这一学科公认的带头人"。③

从20世纪50年代开始，谭其骧对黄河、海河问题，上海地区海陆变迁等问题的研究，已经将焦点设定在了典型的地理问题上。谭其骧的不朽著作是他主编的《中国历史地图集》（八卷），此大型计划起于重编"杨图"（杨守敬图），但成果不可同日而语，新图集乃是现代制图学的杰作。它采用现代地图学绘制方法，以朝代为纲，以国际通行经纬度为坐标系统，表达历史行政区划范围、重要城镇

---

① 葛剑雄：《悠悠长水·谭其骧前传》，上海，华东师范大学出版社，1997年，第121页。
② 同上书，第123—124页。
③ 同上书，第124—125页。

聚落点位，主要河流、湖泊，沼泽、山脉、沙漠方位，并以精确的古今对照的形式展示，其学术研究含量极高。它也是历史地理学以及各类中国历史问题研究必不可少的工具书，国内外学术界广泛受益，为20世纪中国历史地理研究的重大成果。由于社会上的广泛阅读，人们从基础上认识了历史地理研究的必要性。

《中国历史地图集》对于古代国家边疆的处理，是一个理念创新，体现了疆域沿革研究的新时代价值。图集编绘工作中提出的两个原则得到了学界的公认：第一，用清朝完成统一以后、帝国主义入侵中国以前的清朝版图作为历史时期的中国范围；第二，在这一范围之内所建立的古代政权都可以被认为是中国史中的政权，都是中国历史的组成部分。谭其骧提出的这些标准，既合理又易于操作，推进了当时社会上一项重要的思想定位。

在三位先生中，史念海在禹贡学会中工作的时间最长，他对中国历史上的重要地理问题几乎都有专门的思考。早在20世纪30年代，史先生已经感到传统沿革地理研究的不足："我清楚记得，抗战初期，我在北碚时曾和顾颉刚先生谈到这个问题。颉刚先生也颇为不满这门学科继续限于沿革地理这样的范畴。如何改变，颉刚先生首先提到要用地理的变化说明问题。……如何去运用地理学的理论从事论证？颉刚先生当时肯定地说，应该尽量努力学习地理学。"① 史念海因此开始了积极地在地理学方面的知识"补充",并获得了根本性的转变。史先生的地理视野十分宽广,他的研究"包括了黄土高原、黄河、历史农业地理、历史经济地理、历史人口地理、历史民族地理、历史军事地理、历史文化地理、历史地图学、中国古都学等许多领域"②。史先生所涉及题目的丰富性、学术视野之广,在三位先生中居首位。正是在这一广泛关注的基础上,史先生构建了中国历史地理的通论体系。

史念海致力于从总体框架研究中国历史地理,起步很早。早在20世纪30年代,他便协助顾颉刚先生写就《中国疆域沿革史》,40年代,写就《中国的运河》一书;50年代,又写成一部20万字左右的中国历史地理纲要性的讲稿,后几经修订,于1991年正式出版。此书在原沿革研究的基础上,扩展为新型历史地理学通论,体现出与以往沿革地理研究的巨大区别。如果说,《中国疆域沿革史》一书还是借鉴了传统理念,而《中国历史地理纲要》的写作,则是史先生本人的开创。这部书的撰成,不仅是事实性的归纳,也有解释性的立论,是以现代地理学的分类法,"格致"古代地理。它比沿革地理要深刻得多。《中国历史地理纲要》的撰写,体现了史念海的研究已经采纳了现代地理学的框架体系,包括每一要素门类的指标选择、要素关联

---

① 史念海:《中国历史地理纲要》,太原,山西人民出版社,1991年,第3页。
② 史先义:《回忆父亲史念海先生二三事》,载张世林主编《想念史念海》,北京,新世界出版社,2012年,第31—38页。引文见第34页。

性的考察等等。《中国历史地理纲要》一书构建起中国历史地理的基本形态,"可以说已经搭建起中国历史地理学的基本框架,因而完全可以把它视作现代学科意义上的历史地理学已在中国全面建立的重要标志"①。

  人地关系的种种表现,是史念海先生十分关注的基础性地理学问题。从人地关系的角度重新评价古代的地理学成就,是史先生的创见。对于《禹贡》,他认为此书的人地关系内容相当丰富,"如果说《禹贡》一书是当时人们利用和改造自然的总结,谅不为过"②。人地关系的含量是考察古代地理学发展的重要指标。以这一指标衡量,《周礼·职方》《史记·货殖列传》《汉书·地理志》《水经注》等均有所成就。史念海在对《货殖列传》地理成就的讨论中,对"龙门碣石线"做了精辟的评述。《货殖列传》云:"龙门碣石北多马、牛、羊、旃裘、筋角。"针对这一简略的记载,史念海指出:"所谓龙门碣石北,乃是由龙门至碣石一线以北各地。这条龙门碣石线经过今北京、太原以北,吕梁山的南端。在当时这是一条农牧业的分界线。"史先生进一步指出,这条线是变动的,在司马迁的时代之前,这条线在其南,后来又向北推移。在人地关系上,南部早期的界线是人类适应自然、利用自然的结果,而后来在北部的界线,则是人类把畜牧区转变为农业区,是改造自然的结果。史

---

① 辛德勇:《史念海先生与中国历史地理学》,"历史地理学研究"微信公众号,2020年9月27日。
② 史念海:《河山集》(六集),第9页。

先生说，相比之下，一般的沿革地理学，"就是考核一地的因袭废省，和人与地的关系初无干涉"①。人地关系意识是地理学的基础性概念，是确立学科性质的关键之一。

简而言之，侯先生对现代历史地理学学科性质的阐述，谭先生对传统地理学研究精华的继承和发展，史先生的新通论体系的建成，此三大项可看作中国现代新历史地理学的基本组成部分或称三大支撑点，也是认识"什么是历史地理学"时所必须了解的三组基础知识。本书反复提到三位先生的学术经验与贡献，是学术史的时代特点决定的。

三位先生的风格不同，但共同开创出历史地理学的繁荣局面，并培养出新一代历史地理学人。1949年以后，历史地理研究方向陆续招收了一些研究生，先生们本人的学术活力与年轻一代的朝气交错衔接，显得生气勃勃。1978年以后，历史地理学研究生的数量大幅度增加，这是前所未有的。另外，历史地理学的研究生还有一项特殊的地位，即新中国最早的文科博士（周振鹤、葛剑雄于1983年完成答辩，遂被授予博士学位），这反映了历史地理学当时进展的速度。

20世纪七八十年代，中国历史地理学的发展是引人注目的。1979年，恢复了历史地理专业委员会的活动，在西安召开了大会，后来，又创办了《历史地理》与《中国历史地理论丛》两份刊物，其鲜明的学科名称令人耳目一新。

---

① 史念海：《河山集》（六集），第14页。

一些重大的研究计划在新形势下起步,中国古都学会成立,各类工作性会议频频召开。由于历史地理学的迅速发展以及显示的学术活力,这门学科成为吸引人才的领域,优秀的研究生论文接连问世。现在,中国的历史地理学已成为一门显学。一方面,原有的"沿革地理"研究仍在稳扎稳打,对于基础性问题,多有突破。另一方面,在新的理念的启示下,迅速拓展出新的研究领域。从史学附庸变身为现代地理学学科结构中的独立分支,这是现代新历史地理学的本质转向。从此,历史地理研究的主流,开始沿着现代地理学的理路发展了。

第三章

沿着现代地理学的理路拓展

把历史地理研究引入地理学的学科范畴，一个实质性的变化是历史地理研究将沿着地理学的理路发展，用一句现在流行的话说，就是由地理学带其节奏。这样做，会大大拓展历史地理研究的视野，在原来的基础上，又有了更加广阔的探索领域。地理学的主体性质，为这门学术的独立提供了合理的基础。

科学史研究指出，一门学术的发展，是要不断获取新的生题能力。历史地理学进入地理学范畴，正是获取了新的生题能力。地理学，可大致分为四大问题领域：自然地理要素之间的关系、人地关系、人文空间关系、地理景观。每一个问题领域都含有极为丰富的学术议题。原来从史学引出的问题，与这些新的领域也并不冲突。新历史地理学与传统历史地理研究的关系，并不是隔断，而是拓展。

没有地理学的现代化，也就没有历史地理学自立为一个独立学科的机会。现代地理学将大地上的一切，或称地球表面的一切，作为自己的探索研究对象。而一旦意识到这个大地表面不是静态的存在，其也有一部生动变化的历史,那么历史地理学责无旁贷地要登场。而现代地理学所创建的全套理论,都成为历史地理研究的利器,历史地理学获得了更丰富的理论资源。关于现代地理学理论在历史地理研究中的应用,麦金德(H. J. Mackinder)称为"历史中的现在"。[①]

在这个新的学术视域中,历史地理学沿着地理学的理路,迅速分解为许多分支:原有的政区沿革研究发展为历史政治地理学;城市研究,随着内容的不断丰富,发展为历史城市地理学(或城市历史地理学);此外还有历史区域地理学、历史人口地理学、历史经济地理学、历史农业地理学、历史商业地理学、历史交通地理学、历史军事地理学、历史文化地理学等等。这种情形在为史学做辅助研究的时代是不可想象的,可能有些史学研究会涉及这些领域,但只是简单的、形式的,而不是系统的、深入的。地理学的理念,会引导人们将这些探索作为中心议题,持续地、规划性地发展,从而获取深层认识。

地理学在走向现代化时,人们强调要把"地点地理学"(place geography)变为"原理地理学"(why geography),历史地理研究转入现代地理学范畴,也就进入了地理解释的方向。"古代地理学注重描述,近现代地理学注重理解和预测;古代地理学描述的是片段的事实,近现代地理学则是系统的理论阐述,它们有着本质的不同。"[②] 新历史地理学的理论

[①] 转引自哈特向:《地理学性质的透视》,第101页。
[②] 杨勤业等:《中国地学史》(近现代卷),第5页。

背景是现代地理学，其富含解释力，且视野不断拓宽。

新历史地理学要沿着现代地理学理论扩展，除了要有地理要素门类的齐全，进一步讲，还有两大深入要点，即动态性和综合关联性。从研究实践中看新历史地理学，议题十分丰富，这是思路打开的表现。由于从现代地理研究中汲取问题意识、概念术语、议题类别，历史地理研究的局面大为改观。这样做并不意味着古今地理互窜不分，或今为古用、以今论古等等，特别是基础性概念，它们不是事实，而是思考方式，把今天的概念放到古代，并不是把今天的事实搬到了古代。概念只是视角，就像考古学碳十四技术的使用，新视角是观察方法，并不改变古物的性质。再比如景观，古代当然有，不会因为叫一声景观，就把古代地理给歪曲了。

以下我们从几个重要的地理学问题意识，讨论一下新历史地理学的研究。问题意识的属性体现学科的属性，问题意识的灵活性决定学科的灵活性。数学家可以到处寻找数字信息，英国音乐天才说所有的事物都可以转化成音乐，用音乐表达、叙述。爱因斯坦认为，提出问题比解决问题更重要。

区域意识

区域意识是地理学的基本意识，很多学科多少都有一些区域意识，但只有地理学把区域问题放在自己研究的核心位置，而且区域概念的运用十分灵活、丰富、深入。这是西方现代地理学元老们经过半个多世纪的讨论而获得的共识，就像历史学中的时代分期意识一样，是各类问题的基础意识。区域识别、区域体系特征论证是地理研究的基本功，是地理学认识世界、解释世界的特有角度。

区域意识在传统历史（沿革）地理研究中并非不受重视，但它关注的重点是行政区域，而对更多的区域形态，如自然区域、城市区域（城市不是孤立的）、农业区域（包括农村与土地、作物）、流域区域（盆地、川原）、山区、生态区域、人口区域（分布）、战区、民族区域、文化区域、社区等并没有给予足够的关注，而现代新历史地理学则在这个方向上有大步的前进，揭示出古代地理世界的丰富性。

地理学的区域定义很简单："地表空间的一个差别化部分"，是"组织地理信息的最具逻辑性和最令人满意的方式之一"。[①] 但地理学的区域意识的内涵却很丰富，至少包含这样几个基本特征：没有一个通用于所有地理现象的绝对区域；区域是一个由异质事物组成的地理综合体；区域综合体的构成是可以变化的；在不同的价值选择中区域具有不同的功能；区域性是地理学认识的重要目标；人类意识影响区域观。这些特征都可以成为历史地理学的研究议题。

---

① 约翰斯顿编：《人文地理学词典》，区域条，第587页。

达比的理论主要是针对历史区域地理研究的，对所识别的区域进行历史考察，复原演变序列，是典型的达比学派。美国的克拉克就是这样做的，他研究加拿大爱德华王子岛作为农业区域的演进历史。侯仁之的北京城历史地理研究也符合达比的思想，所研究的不仅是城市自身的变化，还包括其对区域（即北京小平原）产生的连带影响。达比的思想代表着那个时代流行的地理学理念，强调区域的完整性，即对各类地理要素做综合的、尽可能全面的考察，而不能把地理要素的综合性打散。达比所提出的系列剖面研究法，就是复原不同时期的区域整体面貌，进而做演变特点的探讨。在当代中国历史地理研究中，区域考察也是重要议题，如史念海的关中平原与黄土高原的研究、陈桥驿的宁绍平原研究、邹逸麟等人的黄淮海平原研究等也都具有专门的区域视角。以黄淮海平原研究为例，所涉及的方面有气候、植被、土壤、灾害、水系、湖泊、海岸、人口、农业、城市交通等，体现了区域研究的综合性。[①]

地理要素的多样性，地理要素组合方式的多样性，是区域多样性的根源。地理学必须处理多种多样的区域。在人文地理这一面，区域的多样性还表现在从物质区域到制度区域、精神心理区域的升级扩展。区域的多样性还表现在同一类事物的不同表征上，就文化地理来说，已经确认了多种表征的文化区，如形式文化区、功能文化区、乡土

---

① 邹逸麟主编：《黄淮海平原历史地理》，合肥，安徽教育出版社，1993年。

文化区等。历史地理学研究需要借鉴现代地理学的区域理论，在对古代地理做考察时，可灵活多样地确定不同属性的区域，不同属性的区域即对应不同属性的地理事件，这有助于从多方面认识古人世界的丰富性，就地理认知来讲，丰富性即深刻性。比如对华北大平原，在自然地理区域和行政区域地理的划分之外，再进行商业区域的划分、文化区域的划分、军事区域的划分、经常性灾害区域的划分、人口密度区域的划分等等，这无疑会增加对华北大平原认识的深度。

在研究中，在同一个地带，以不同地理要素作指标，可以识别出多重区域。日常生活中我们习惯于把行政区域或自然区域作为基本区域，这反映了在日常生活中行政区划边界与自然地理区域边界所具有的强大限定作用，但研究者更感兴趣的是叠合式或套合式的区划结构，特别是人文地理区域。美国历史学家施坚雅（W. Skinner）在研究中国传统农村区域的时候，在常用的行政管理体系上又识别出一类商业活动机制，商业机制又推出一类区域，它与行政管理区叠合，但不重合。两种区域都是农村世界的基本社会生活空间。

区域不是一个空间框子，而是一种地理事物形态，具有结构性和运行机制，是平衡与动态并存的地理单元。上面提到的行政区域与商业区域，它们不仅规模形态不同，其区域机制更是两样。行政区域是社会权力自上而下的设定，界限清晰；而商业机制是自下而出的生成，界限模糊。

两者的推动因子与控制因子完全不同，区域识别的标准也不同。所以，认识区域要认识特定主题下的结构特点与机制特点。区域叙事是地理学特有的叙事方式和角度，古代的方志叙事也是一种区域叙事，是分类罗列的方式，缺乏解释。现代地理学的区域叙事，在分类的基础上，要揭示其结构与机制，在揭示结构与机制的基础上，确认区域的性质，从而指出其独特性。

地理区域研究注重共存要素之间的横向关系，由横向关系形成特定机制，即使在时间考察中，也要关注横向机制的演变，而不是单要素的时间演变。这是历史地理研究很重要的一点。例如，一个宫殿的前后变化是建筑史，一个宫殿与其他宫殿或水系、地形等要素的关系变化才是历史地理。研究异质要素之间的横向关系，最能体现地理学的特点。侯仁之研究的地形、水系、交通、城市之间的关系，谭其骧研究的农牧业转变与黄河"安流"的关系，史念海研究的多种人地关系，都具有这些特点。有很多历史地理研究是取纵向主题，这当然重要，但更好的纵向研究应该是区域的纵向史，至少是异质要素关系的历史。

因为是历史地理学，所研究的问题总要有历史价值，所谓历史价值，就是揭示并解释随时间而发生的变化，没有变化的问题缺乏历史意义。关于区域变化研究，英美历史地理学者曾仔细推敲，提出过不同的概念。关于变化的表述，英文原来是这样写的：change between times。梅尼教授觉得简单了些，改为：change through time。这个介词一变,所表述考察的角度、深度也跟着大变。原来的表述可以理解为两个时代之间的变化差异,着重结果;而新的表述强调穿越时代的变化过程。差异解释相对简单些,而过程解释则要解析变化的机制,要细化变化的阶段,这就复杂得多。读过北京城历史的人都会有这样的感受:如果只看到金中都城、元大都城、明北京城的样子,再比较三者的差异,当然会有收获;但如果了解到元大都城是如何在北京小平原上改换位置并变换所依托的水系,进而参照新的水系做城市规划,明北京城又是如何在元大都城的基础上,有裁有增,一步步蜕变出来,这会更有意思,对区域性城市历史地理的理解也会更深。

一个好的区域历史地理研究,一定要做实地考察,区域研究会推动实地考察的开展。对于将要展开的一项区域研究,一般来说,原有的文献材料总是有局限的,要实现突破,一定要获取更多的事实材料,这就需要走入这个区域做更深入的考察。实地考察是现代科学地学诞生的关键,在当时的学者眼里,田野是一座原装科学宝库,没有见过的新物品、没有想象到的事物间的联系方式,以及未曾注意到的尺度与岁月的痕迹,等等,都是旧式文献无法含括、无法表达的。尤其是,地理学是研究异质事物的关系,而异质事物之间的关系是不能单纯靠逻辑推理获得的,必须要做现场观察。

总之,区域意识或概念,是地理学的一把金钥匙,灵活、深入地运用区域概念,以这样的意识去发现问题、确立议题、开展实地研究，无疑会打开更多的地理认知大门，拓展思考宽度，推进历史地理学对古代环境、社会的研究。

空间意识

与区域概念接近的，有一个"空间"概念。空间概念有绝对空间和相对空间之别，这里讨论的不是绝对空间概念，而是相对空间概念，指事物自我存在的多维形态。一般来说，空间是个现代地理学概念，当然古代并不是没有类似的说法，例如"境"这个词，就很有空间的味道。现代地理学的空间，较多地用在人文地理方面，在自然地理方面并不是没有，比如生态空间，但不如人文地理方面用得多，用得广泛，而且越来越重要。

在使用时，空间与区域这两个概念有相近的地方，但区别也是明显的。区域是指一种特定范围的综合存在体，空间则指一项特定行为创造的场域。场域也有区域的形态，但内涵很不一样。区域是多种地理要素的巨大综合体，空间是对相对单纯行为属性的特指，也可以说空间是特定的行为区域。区域的概念中，存在意味更强些，而空间的概念中，行为意味更强些。空间不是简单固化的，比如篮球场，是设计出来的运动空间，但也可以开会，成为管理空间，还可以跳舞，成为娱乐空间。没有行为，空间便没有现实性。空间越来越多地用来表示行为范围、影响范围。

从地表区域物质形态，扩展到行为的空间形态，为人文地理学的研究打开了一个新的领域，地理学的空间思维在人、社会、文化研究中大显身手。比较而言，在自然地理这一方，习惯于使用区域这个概念，而在人文地理这一方，越来越多地使用空间这个概念。这当然不是说二者可以互换，而是讲，空间的概念更适于表达人的行为的场域。空间概念在历史城市研究中很有用，城市街区、场所构成城市的物质基础，而各类行为空间则构成城市的生活。例如明清北京城，可以做空间分解研究，可以划分为皇权空间、街巷胡同百姓空间、市场空间、庙会公共空间等。

日本历史地理学者菊地利夫很强调空间问题的研究，他在《历史地理学的理论与方法》一书中说："贯穿于地理学史本质的，是人类群体为生活如何组织空间这一现象。"[①] 他指出，历史地理学研究的人文空间不同于牛顿物理学那类绝对空间概念，它是相对的。人文相对空间的机制、要素形态会随着人类行为的不同而变异，其构成不受绝对位置的制约，换言之，事物的相对位置不能用绝对距离来表示，而要引入相对距离概念。"绝对距离一直以欧几里得几何学的距离和空间进行测算，相对距离则通过价格、时间、社会性接触等来测算距离。若就经济活动的区位选定而论，则为费用距离；就交通和移动而论，则为时间距离；而在情报扩散的研究中，距离是社会接触度。所谓相

---

① 菊地利夫：《历史地理学的理论与方法》（辛德勇译），西安，陕西师范大学出版社，2014年。

对距离，是过程与活动的表现。对相对距离的研究，20世纪以来取得了显著进步，甚至有人称地理学为距离的科学。"①

人地关系意识

人地关系意识是经过了一番辩论才在地理学中站稳了脚跟。在地理学现代化的早期，虽然像洪堡、李特尔这样的开山大师将人类看作大地表面的重要构成部分，但仍有一派地理学者不主张研究人类的事情，他们追求的是纯自然科学，希望建立一门纯粹的自然地理学，提出要把这条科学之船上"超载"的人文部分"丢到水里去"。当然，这一派不可能获得整个地理学界的认同，人的存在是大地上的事实，所谓纯粹的自然地理时代已然过去，人类在地球表面的影响力不断壮大，脱离人类的地理越来越不现实。物质的层面、生物的层面、人类的层面是地表景观的基本构成，地理学必须思考它们之间的复杂关系，而人地关系是这类关系中最有意义的轴心。在这个思路中，地学转为人地学。重要的是，在地理学中对于人的承认，也就是对历史地理学的肯定，因为人是历史性的存在。

"虽然当时学术界还没有明确地分出不同的学科，可

---

① 菊地利夫：《历史地理学的理论与方法》，第22页。

是，探索地球起源及其表面特征的学者，显然和那些探讨自然环境对人类影响的学者是不一样的。后者大都是历史学者或是学习政治的人。"① 在人地关系这个范畴中，历史学者很早便给予相当认真的问题关注，他们用环境解释历史，取得过很吸引人的成果。一些地理学家也做过类似的研究，他们积极考察自然地理环境对人类历史的影响，这种研究增加了环境的历史意义。在人地关系的研究中，早期最有影响的是"环境决定论"，这是对夸大环境影响作用思想的一个概括。环境决定论的问题出在"决定"二字上，没有这两个字，只讲环境影响是没有人否认的。

人与环境的关系是个很复杂的问题，除了做历史功能性的研究，还有思想史的研究。美国地理学家格拉肯（Clarence J. Glacken）写过一部有名的著作《罗德岛海岸的痕迹》②，详细讨论西方思想史中的环境观，涉及一大批古代思想家。在书的前言中，格拉肯归纳了经典性的三个问题："在西方思想史中，人们始终如一地探询有关可居住的地球，以及人对地球之关系的三个问题：地球（它显然是适合人类及其他有机生命居住的环境）是一个有意做出来的造物吗？地球上的气候、地形、各大陆的构造是否影响了个人的道德和社会本性，是否在塑造人类文化的特征和性质方面施加了影响力？在人类居住于地球的漫长岁月

---

① 詹姆斯：《地理学思想史》，第 127 页。
② 克拉伦斯·格拉肯：《罗德岛海岸的痕迹》（梅小侃译），北京，商务印书馆，2019 年。

中，人们以何种方式将地球从它假设的原始状态做出了改变？"① 格拉肯的研究，把人与环境的关系问题带到了历史的深处和思想的深处，《罗德岛海岸的痕迹》是一部十分了不起的著作。这里我们注意到他归纳的三个问题的后两个，简单说就是：环境如何影响人类和人类如何改变了环境。

一般认为，现代人文地理学是从德国学者拉采尔（Friedrich Ratzel）的研究起步的。"弗里德里希·拉采尔则为人生地理学，或他所创名的人类地理学的比较系统研究提供了路线。"② 拉采尔原本是动物学家，后来转向研究人类，研究的角度是自然环境如何影响了人类的发展。这个角度很可能是从动物学那边搬过来的，人类地理学这个术语"反映了他的自然科学，特别是动物学的功底"③，因为动物行为是受到环境极大影响的。可以设想，从动物学（比如牛学、马学）转到人学，当然要考虑人类是如何适应自然环境的。拉采尔的第一部人文地理学著作是《人类地理学：地理学在历史学上的应用导言》第一卷（1882年出版）。在这本书中，"他探索了各种自然特征对历史发展的影响"④。因为拉采尔着意强调环境对人的影响，被很多学者指为环境决定论者，但也有人不认同这样的看法。

在人地关系问题上，拉采尔毕竟走出了一条具有长远

---

① 格拉肯：《罗德岛海岸的痕迹》，第 vii 页。
② 詹姆斯：《地理学思想史》，第 207 页。
③ 哈特向：《地理学的性质》，第 89 页。
④ 詹姆斯：《地理学思想史》，第 209 页。

意义的路子，使人类的角色在地理学中占据了牢固的地位。人地关系逐渐被视为地理学另一个根本性的研究领域。特别是当学者们从不同的角度纠正了环境决定论以后，人地关系问题便成为很多地理学研究的出发点。

人地关系是复杂的，哈特向很早便指出，在拉采尔以自己的"程序"研究人地关系的时候，另有些地理学家却把他的程序反过来。拉采尔的程序是："他的第一卷《人类地理学》大部分是根据地球上的自然条件组织起来的，他就是在自然条件与人类文化的关系中研究它们的。"① 哈特向的意思是，拉采尔的研究是以自然环境为起点、为研究框架，再去联系人类活动，而另一些人却是以人类文化为起点，再去联系自然环境。两种不同的考察程序反映了自然与人文之间主次的不同、问题属性的不同。在后者中，人文成为主角。拉采尔并不是一个迟钝的学者，"在他的第二卷中，拉策尔自己也把程序大部分反过来"。② 哈特向所说的"第二卷"，是指拉采尔1891年出版的《人类地理学：人类的地理分布》。

拉采尔对美国地理学的影响是巨大的，甚至超过对他本国的影响。③ 美国的森普尔女士原本是历史学家，但深受拉采尔思想的吸引，专程到德国向拉采尔问学。回国后，参照拉采尔的思路撰写了《美国历史及其地理条件》

---

① 哈特向：《地理学的性质》，第91页。
② 同上。
③ 詹姆斯：《地理学思想史》，第209页。

（*American History and Its Geographic Conditions*）等很有影响的著作，把地理学进一步与历史学联系起来。森普尔的研究可以看作美国开展历史地理研究的一层基础。更重要的是，她的课上学生索尔后来成为美国近现代最伟大的历史地理学家。在这里，我们看到从拉采尔到森普尔，再从森普尔到索尔的一个学术脉络。在这个脉络中，人与环境的关系，更具体地说，是人类历史与环境的关系是一根主线，这成为20世纪前半美国历史地理学的一大特色。而人与环境的关系史，今天仍然是美国（以及西方）学界的重要议题。在这一议题的基础上还诞生了一门专科学术，称为环境史。

从拉采尔到索尔的延续并非没有变化，在森普尔这一环，她基本保持拉采尔《人类地理学》第一卷的路数，即前一个程序。到索尔这一环则翻了过来，他着重强调了人类对环境的改变、塑造。因此索尔在美国被视为对环境决定论的有力批判者。索尔是研究景观变化的，他有一个表达这个变化的模式：自然景观是基础，文化是动力，文化景观是结果。索尔的人地关系观偏重于人类的能动作用，而这个能动作用的具体表现是人的文化的力量。而越承认人有强大的能动性，就越会关注其在大地上呈现的结果（例如文化景观），就越会深入到历史地理而不是地理历史的方向上去。这对于历史地理学的发展很有意义。

在拉采尔的想法中，人类与历史这两个概念是不可分的，讲人类就要讲人类的历史。从拉采尔的例子可以看出，欧洲地理学中原本就含有很浓的历史地理意识，所以历史地理问题才能够在地理学界获得高度认可。环境如何影响历史是最早被关注的人地关系问题，但由于后来日益强调新历史地理学的地理属性，通过认真甄别问题取向，人类如何改变环境这一问题便日益成为自觉性的题目。

对人地关系的强调，推动了历史与环境的结合。历史学者在思考历史问题时，会把环境因素拉进来。另一方面，地理学者在思考大地环境问题时，则会把人的因素即历史因素拉进来。在这两个方向上，都推动了历史地理学的发展。总之，地理学将人地关系问题提升到新的学术高度，我们不必像哈特向那样严格审查历史地理与地理历史的区别，其实，无论选择哪一类程序进行研究，都是很有意义的，即使是第一种程序，因为环境变化意识的提升，即使讲古环境对人类的影响，也要首先确定古代环境的真实状况，而不能直接拿今天的环境做凭证。于是，正确把握历史环境，成为研究历史上人地关系问题的基础工作。这就对历史地理学提出了责无旁贷的要求。我们看到，首先复原历史环境，然后考察人地关系，成为新颖的研究议题，侯仁之研究北京城市历史地理，正是以复原华北平原的古代环境为先决步骤的。

人对环境的能动性表现为两个方面。一个是人类能够改变大地环境的面貌，有的改变是不自觉的，有的改变是自觉的。破坏植被造成水土流失或沙漠化是不自觉的，开山修路以启山林是自觉的。另外一种，不是在改变地理环境的能力，而是在利用地理环境的智慧。在中国古代行政区划的设计中，有"犬牙交错"一招，这就是利用地理环境的智慧。巧妙利用地理形势更是军事理论的重要内容，军事家对环境的把握与利用是致命的，军事家的杰出程度包括对地理环境的利用水准，如诸葛亮之所以高于马谡（在故事中）。利用地理环境（包括设计空间关系）的智慧，是地理学研究的核心，在人文地理方面可以说是一项基本宗旨。

历史地理学不能不研究地对人的影响，也就是所谓"地之利"的问题。当然，环境影响与地利还有点区别，环境影响有些无意识的味道，而地利，可以是人类的主动观察、判断、选择。特别是人文地理学，重心在社会人文，而社会人文问题与自然问题有一个本质的区别，即价值观的无处不在。一个纯粹自然的问题，没有价值判断的问题，价值取决于立场，没有立场，不会形成价值。在自然问题上，除非你站在选择出来的立场上，比如站在熊猫、金丝猴的立场，或者沙漠绿洲的立场，否则无所谓"应该""正确""错误"的判断。而人文问题则不然，人的立场是永恒的、绝对的，人类的利益是终极性价值标准，人文地理问题始终要在这个框架中。无论是哪些地理要素、哪些地理问题，最终都要向关乎人的"地利"上面靠，"地利"其实是"人利"。

历史中大量案例，许多经验可以吸取，最终形成人地关系的哲学、伦理、科学多层面的思想认识，这是历史地理学可以大显身手的广阔领域。人地关系这个概念在古代也可能是无意识的，但在地理知识中含量不小，有些地理叙述会涉及人地关系的成果或后果，史念海先生认为人地关系含量是衡量古代地理著作水平的一条重要标准。①

景观问题

景观这个学术概念是地理学家将其做大的。学术史家一般将景观概念在地理学中的最初使用归功于德国地理学家，他们总是从一个德文单词 landschaft 谈起。景观一词，常常作为一个大略言之的名词使用，指大地上的样貌，"用肉眼能够看得见的土地或领土的一个部分，包括所有可视物体，尤其是其形象化的侧面"②。但也有地理学家将其作为严谨的学术术语对待，深入讨论它的意义、内涵以及复杂性。在我印象中，有两个方面的景观研究最活跃：一个是索尔引领的伯克利文化历史学派，讨论景观变化；另一个是以邓肯（James Duncan）为代表的人文学派，他们借用文本理论，讨论景观信息的书写与阅读问题（the reading of landscape）。这两类研究都可以被历史地理学借鉴，而前一种本身就包含历史地理研究。

在西方地理学界，美国历史地理学家索尔是推动景观

---

① 史念海：《河山集》（六集）。
② 约翰斯顿：《人文地理学词典》，第367页。

研究的最有力的学者之一。他在伯克利大学工作多年，深受人类学的影响，所以对于地理问题的观察比较贴近生活，选择的地理问题并不是直接做宏观展开，而是从生活"情景"起步。索尔在很早的时候就关注地理学中形态学的问题，这很不寻常。他在近百年前（1925年）写过一篇重要论文《景观形态学》（The Morphology of Landscape）。那个时候，科学精神方兴未艾，哈特向还在花大力气进行总结，索尔却偏离科学"正轨"，向文化地理方向拓展，很独特。

索尔的景观研究主要考察它的变化，具体说是从自然景观向文化景观的演变，这些事情大都发生在人类对环境介入开发的早期历史中，所以索尔的研究又属于历史地理。既然研究的是人类对环境介入开发的早期历史，在新大陆做就比在旧大陆做容易一些。容易在两个地方，第一个是新大陆仍生存着处于早期社会形态（以及技术形态）的人类群体，他们与环境的关系可以比作早期历史样品的痕迹，这类样品痕迹中最具有意义的问题是农业起源、农业景观的出现。索尔在这个方面做过很有影响的研究。第二个所谓容易的地方是，美洲有不少景观还没有被人类深度扰动，仍保留比较自然的状况，欧洲人来到这里，基本上是"从头"进行开发，很快使自然景观变成可观的人文景观（或文化景观）。这个演变过程体现了典型的索尔模式。索尔提出的模式突出了文化的作用，景观变化的驱动力是文化，形成的新景观当然就是文化景观。文化对大地面貌的塑造，文化符号在大地上的书写，在这类研究中，不仅解释地理，也在解释人类。文化景观的演化，也是人地关系的演化，这不是功利的方向，而是价值观的方向，是以实证的方式、物质的方式，揭示人的精神。地理研究从地利思维中走出来，进入人性，这是别有意义的。

在地理学理论中，景观可以是一个纯粹的客体，自有一套机制、系统，对于自然景观来说，当然是这样。但在索尔这里，景观背后多了一个被概括出来的文化（这个文化被认为有超级机制的性质，英文作 supper-organic），但依然是客体。而到了邓肯这里，景观面前又出现了具体的人，或者说请回了具体的人，形成人观看景观的关系。在这一关系中，景观进入人的主观之中，景观不能自己表达自己（speaking for themselves），必须体现在人的主观感知与解读之中。邓肯的这一理论显然属于人本主义。在20世纪70年代兴起的人本主义地理学中，邓肯的景观感知理论影响很大。邓肯常常说，人类获得认知，一般通过三大文本，一个是文字文本，一个是口语文本，还有一个是景观文本。知识是通过阅读这些文本获得的，但不同的读者，读出来的结果并不一样，所以也要关注读者的特点。既然是文本，于是有关文本的一系列理论都被借用过来了。我在20世纪80年代中期到美国雪城大学学习，上邓肯教授的课，好长时间都扎在"文本"理论的讨论中。（大地上的景观犹如文章，李白也曾有过这样的感受，说"大块假我以文章"。）

　　景观问题也是一种人地关系，也有历史。西方学者很早就开始撰写景观演变的通史（或曰简史），1955年英国的霍斯金斯（William G. Hoskins）写出了第一部有影响的景观通史著作《英格兰景观的形成》[①]。后来剑桥大学的休斯顿（James M. Houston）主编了一套景观史著作，其中中国的部分是段义孚执笔的，此书已经译为中文，题目作《神州》[②]。在景观通史中，自然景观的变化具有科学意义，文化景观的变换具有人文、科学双重意义，具有社会发展方面的认知价值，以及思想认识方面的价值。在人类丰富的历史中，有大量的景观演变个案可以考察研究。

　　景观概念突显了观看的角度、立面的角度、整体的角度、综合性的角度，一改日益符号化的平面角度。景观研究在旧历史地理学中几乎没有地位，在新历史地理学中，则渐渐获得了学者的关注。历史景观是逝去的景观，在做历史地理研究时，要尽可能复原当时的景观，即历史景观复原。当然，做历史景观复原，不可能做到完整复原（这是历史研究中普遍可以接受的"遗憾"），而只能通过局部复原、重点复原等办法，获得具有意义的认识。可用的资料可以是古代景观的遗留部分、图像资料、文字描述等。在历史城市研究中，景观考察是十分重要的。对信仰类景

---

① W. G. 霍斯金斯：《英格兰景观的形成》（梅雪芹、刘梦霏译），北京，商务印书馆，2018年。
② 段义孚：《神州：历史眼光下的中国地理》（赵士玲译，周尚意校），北京，北京大学出版社，2019年。

观的研究，也是必不可少的，如牛河梁的红山文化祭祀遗址，以及各种风水文化中的景观设计，都是有意思的课题。中国古代地图有一类是形象画法，保留了景观角度，观看时有真实的现场感。

以上例举了区域、空间、人地关系、景观等现代地理学核心议题门类，说明历史地理学的新发展，新局面。我们试做一下新旧对比。原来的历史地理研究是从古代学术系统中生长出来，主要是由历史学家做的，目的是解决一些史学问题。即使是有地理学倾向的研究，也是局限在古代地理学的系统中。中国古代地理学都有哪些名目？清朝在康熙、乾隆、嘉庆时期三次修《大清一统志》即清朝的"王朝国家地理"，其体例基本是康熙时定下的，目次是：先京师、直隶，之后是各省，再后是府州县。在省一级，内容依次是：分野、建置沿革、形势、职官、户口、田赋、名宦。在府州县，内容依次是：分野、建置沿革、形势、风俗、城池、学校、户口、田赋、山川、古迹、关隘、津梁堤堰、陵墓、寺观、名宦、人物、流寓、列女、仙释、土产。这些名目基本是志书性质的罗列，体现了王朝时代对地理（地区）事物的关注内容。传统沿革地理学研究的内容，基本是在这个范畴之内。今天的历史地理学，当然要突破这个范畴，看一下邹逸麟编《中国历史地理概述》中的部分目录：草原和荒漠地带的原始植被状况；长江中下游水系的变迁；黄淮海平原湖沼的历史变迁；州郡县三级制的确立与解体；我国北部农牧界线的历史变迁；陶瓷业的地理分布及其变迁；秦汉时期全国交通——城市体系的形成；方言的地域差异及其变迁的地理背景。①《大清一统志》与《中国历史地理概述》都是对王朝时代做地理叙事，尽管二者体例不同，涵盖的时段不同，不可简单地做形式比较，但我们仍可感受到二者内在的地理学意识的差异。就所表达的地理内容而言，后者所新立的议题，多是在现代地理学的视野中开辟出来的。后者的表述，不仅仅是语言的变化，更是概念的变化；不只是门类的增减，更是充满新的问题意识；所述依然是王朝时代的事物，却具有了历史的活力。

历史地理学的当代性

关于历史地理学的性质，侯仁之先生有一句常说的话："历史地理学是现代地理学的组成部分。"为什么是历史的又是现代的？首先，历史地理学虽然在名称上有"历史"二字，但所仰仗的操作系统却来自当代学术。此外，做历史研究，为的是解决现代提出的问题，不管你研究的是几百年几千年前的事情，都是在回答当代的提问，即使是"纯学术"提问。还有，历史地理学研究的某些事情正是现代地理现象的祖源，含有对现代地理现象的直接解释

---

① 邹逸麟编：《中国历史地理概述》，上海，上海教育出版社，2005年。

力。当年英国的麦金德把研究过去时期的地理称为"历史的现在",意思也在这些方面。这是从大道理上讲历史地理学的当代性。

在直接面对大地的当代研究实践中,也会触及历史地理学的问题,这是历史地理学当代性的又一个表现。首先,我们面对的大地景观,本是历代遗留景观的混合体,尤其在中国,这是显而易见的事情。无论你怎样努力打造现代化的大地,历史是抹不掉的一种顽强存在。这里,话也可以反过来说:当代地理具有历史性。所以研究当代地理问题,必须认识清楚并处理好景观中的历史要素。

研究历史地理问题,往往会遇到古与今大地面貌的反差现象,古今对比是很多问题产生的缘起。古、今地理就是纠缠在一起的。举一个有意思的例子:现在,古代的长城已经化身为中国大地的永恒地标,是中国地理底图的一项要素,无论是什么专题地图,水文图也好、交通图也好,都会画长城,它与黄河、长江一同成为当代中国的基本地标。长城的例子说明,历史遗存景观是今天地理景观的一部分,而且是不可忽略的成分,必须有人给予专门的关注,研究它们的缘由(如同地貌与地质的关系),并讨论如何恰当地对待它们,这些就介入了今天要做的工作,出现了"用"的特点。

很多历史地理学者十分强调这门学科的经世致用性,这也是受了地理学的引导。在历史中的确有许多人地关系的经验,今天可以借鉴,或者从正面借鉴,或者从反面借鉴，有时反面经验更有价值。比如沙漠化问题、水土流失问题、河流治理问题等。在人文地理方面，也有一些需要从历史中获得更具体的认识，特别是军事地理，当年皮定均将军向史念海先生请教的故事就是一例。20世纪70年代，出任中国大西北战区司令员的皮定均将军向史念海先生提问："假定现在就要进行一场战争，我作为司令员，进入阵地，部队部署，粮草运输，作战计划，大致都已就绪，我要再听取一下：以前在这个地区曾经发生过什么战争？战争的两方各是由什么地方进军的？又是分别由哪些道路退却的？粮秣是怎样运输的？战地的用水又是怎样取得的？其中获胜者是怎样取得胜利的？而败北者又是怎样招致失败的？"① 史先生带着将军的提问来到一处处古战场。在这些地方，虽然考察的是古代战事，但所有的问题都具有现实性。在城市发展经验中，也可以总结出在今天很有参考价值的认识，如侯仁之先生对于承德作为旅游城市发展的建议。②

法国学者克拉瓦尔（Paul Claval）根据古希腊地理学在罗马帝国被遗忘的例子，指出"这显示出一门学科在响应其社会需求时的获益，可能超过它实际在科学上的成就"③。克拉瓦尔的意思是，古希腊的地理学，尽管有很大

---

① 史念海：《河山集》（四集），西安，陕西师范大学出版社，1991年。《自序》第2页。
② 侯仁之：《承德市城市发展的特点和它的改造》，《历史地理学的视野》，第369—398页。
③ 保罗·克拉瓦尔：《地理学思想史》（郑胜华、刘德美、刘清华、阮绮霞译，华昌宜校），北京，北京大学出版社，2007年，第24页。

的科学成就，但因为没有迎合罗马社会的需求，所以很长时间被遗忘，这说明，在知识传播上，"响应社会需求"是更重要的。地理学的发展，或说其问题意识的发展，受社会推动很大。所以研究地理学的历史，外史（外部影响）往往重于内史（内在逻辑），只是在科学地理学建立的时代，内史（即各类要素之间的自然关系的认识）被重点关注。

"响应社会需求"，就是回答社会向地理学的提问，自然地理是回答科学提问，人文地理是回答社会人文提问。这样看来，人文地理学的社会响应必然是经世致用，即使是纯理论解释，本质上也是致用，因为解释是理性行为的前提，它虽然不是具体的计划，但没有解释做基础，计划是盲目的。

经世致用是中国知识分子的传统，强调要有当代问题意识，参与治事、救世。经世致用思想曾为某些时代的旗帜，是对思想走入玄虚空谈的旧时代的反向纠正，尤其在社会激变需要新的意识形态做支撑的时候，突出的例子可举明末清初王夫之、黄宗羲、顾炎武活跃的时期。

总结一下，因为是历史地理学，首先要了解地理问题的特殊性。大地环境景观是一个层累过程的结果，是不同时代的景观遗迹的混合存在体。清理、发现、评价这种混合性，是现代地学的基本任务之一，所谓自然地理学、地貌学都要做这些事情。只是它们考察的对象主要是自然积累。而历史地理学研究的是人类历史时期的地理，那么大地景观的混合体中也包含着大量人类活动影响下的积累。对这些人文积累，同样要做清理、发现、评价的工作。如果历史地理学者进一步参与如何对待这些人文积累的工作，便是直接意义上的经世致用。在这类工作中，历史地理学者往往主张调整建设思路，反对极端的单一项目的突飞猛进，而主张经济文化全面协调发展，这可能是历史地理学者重要的经世致用路线之一。侯仁之先生关于北京莲花池遗迹保护的建言、岳升阳对东方广场古人类遗址的发现与保护建议等，都是成功的案例。不过，在这类经世致用的工作中，经常受到将文化与经济对立起来的观念的阻挠，这是历史地理学发挥经世致用作用所遭遇的最大障碍。

历史地理学者经世致用的另一种方式是，今天的某些地面建设事业，可以利用古代经验甚至直接以古代成果为基础。这样的情形不会到处都是，但一旦发生古今联系，是需要从历史地理学的角度做认真论证的。这方面可举例北京京密引水工程对元代白浮瓮山河的参照。邹逸麟等在黄淮海平原研究中，也感到："我们认为黄淮海平原今天存在的一些问题，绝大部分是在历史时期形成的，换言之，这是几千年来自然环境本身的变化和人类活动对自然环境施加影响所产生的结果。因而对黄淮海平原作历史地理的研究，不仅有利于加深对现状的认识，同时也可供在制定治理和开发大平原规划时，从中得到启发和借鉴。"①

---

① 邹逸麟主编：《黄淮海平原历史地理》，第1页。

总之，历史地理学的出现，代表着一种新的地理观，即人地关系历史的地理观。它把直观的地理环境与景观面貌，解构为不同单元的历史积淀过程，我们今天所有的地面事业都是在这个历史积淀的结果中展开的。这种地理观在过去的"地质地理"（地理的史前史）范式下是极其微弱的。而正是人地关系历史的地理观，把历史地理学带到与当下问题更为接近的位置。这就为历史地理学的经世致用提供了机会与需求。而有些问题的历史研究甚至是今天课题的必要基础或组成部分，其价值的当代性已不言自明。

附文 3

人文地理学问题意识的唤起:一份学术回忆

这是我个人的一份体会。我本科是学习考古学的,从研究生开始转到历史地理学,于是,一个认识地理学的过程开始了。以下是我对地理学认知的点滴心得,不嫌疏浅,写出来与大家交流。

喜欢一门知识、学术,其实都是从一个特定角度开始。地理学范围很宽,最开始也只是从一两个门径钻进去,好像大多数人都是从自然地理开的头,从人文开头的或许也有(主要是历史地理学),但不多。自然界,自然环境的神奇吸引几乎每一个人。越是遥远的地方,越激发想象。地理认知过程,永远离不开想象,还有"感知"。

是否关注地图,是一个人是否在地理兴趣上前进一步的标志。地图上全是抽象符号,将世界从实际景色转化为符号画面是人类一大本事。人们自然而然地开始在符号中想象世界。几十年后,读到哲学家的话:你的知识都是符号。地理符号引导着我的地理知识、地理想象、地理感知。问题是:符号是哪来的?地理知识、地理想象、地理感知、地理符号,这些东西自觉或不自觉地构成了我的认知基础,我就是带着这一套东西进入地理学术领域的。

大量的地理著作，古代的、现代的，描述性的内容居多，这类著作以分类见长，以类别众多取胜，一书在手，似乎就握住了一个区域的地理，很多地理学问就是这样做起来的。但是，这样的著作，读起来相当枯燥，原因是作者脑中没有地理问题。问题是地理学的弦，脑子里这根弦不弹奏起来，你的地理探索之路长不了，至少，你只留在知识兴趣层面，而没有形成学术兴趣。真正的学术兴趣来自问题意识，但自觉的问题意识的建立，要有一个过程，除非你是天才。我不是天才，我的这份过程，是一步步走出来的。

进入地理学，如何找到并理解地理学最活的部分，是个关键。现在已经不是洪堡的时代，很多人向地理学边缘走，向邻近学科靠拢，从那里借力，这都是问题意识引导的结果。这里所谓地理学"边缘"，其实是其与相关学科的结合部位。

我进入地理学界，是改革开放的初期，由于与世界地理学的发展长期脱节，人们急于补上这一块。自从科学地理学诞生，全世界地理学只有一家，不像古代，各国的地理学很不一样，地理学史家称"所有可能的世界"，[①] 意思是有五花八门的世界观。到了科学时代，科学思想统一天下，地理学只有一个，即科学地理学，所谓国际接轨，跟上国际学术发展，就是跟上地理学的科学脚步。在20世纪

---

① 此为美国地理学家詹姆斯（Preston E. James）的用词，all possible worlds，表示古代意象世界的多样性。他曾以此为书名，讨论地理学思想史。

六七十年代，地理学的科学脚步走到了计量化（或称数量化）这个阶段。

计量地理学对于人文地理学具有重大意义。早在近代，科学初兴，追求科学是当时地理学的核心目标，这个目标在自然地理学中很容易实现，但在人文地理学这边就很麻烦，当年最激进的科学派要把人文问题从地理学之船上丢到水里去。20世纪60年代兴起的"计量革命"，带给人文地理学一轮科学光环，地理学界十分兴奋。计量潮流在社会科学中影响面很大，不少人都卷了进去，考古学中也有跟风气者。改革开放后，中国人文地理学界一个紧急的任务是了解地理学计量方法。记得1980年左右，美国华人经济地理学者李育曾受邀来讲学，在北师大那次，很多重要学者都去了。李育介绍地理学的计量方法，但必须用英文讲，似乎海外华人还没有成熟的中文对应语言，吴传钧先生现场做翻译，杨吾扬先生也帮助一些。那次我去旁听，什么也不懂，但感到一股气息，一股新鲜的学术空气。

历史地理学在计量方面基本上是无计可施，无用武之地，一个根本性的原因，是没有可供计量的准确充分的数据资料。（大概是因为计量方法的广泛普及，在学术语言中，原来称呼的"资料"都改称"数据"。比如data这个词，可译作资料，但现在多称"数据"。）在这个气氛中，历史地理学当然很边缘。我的内心，感到计量方法在历史地理研究中用处不大，所以对计不计量倒是不在乎。不过，对很多人文地理学的方志式研究（即以描述为主），仍然不感兴趣。那几年，实际上是混在杂学之中，核心主题是"思想解放"，一种随性的思想解放。我在这个气氛中完成研究生学习，对所做硕士论文，并不满意。虽然有一两个亮点，但总体看，水准不高，我后来也不大提它。

但是必须承认，在人文地理研究中，说具体一点，在我认真阅读过的一些历史地理名篇中，还是感到了一些令人兴奋的研究角度，虽然当时不得其名，但毕竟为其实所动，故深存记忆中。

异质事物的关联性

第一个是侯仁之先生的乌兰布和沙漠研究。那是在20世纪70年代中，我在内蒙古大学蒙古史研究室考古组，读到《考古》杂志上侯仁之与俞伟超合写的《乌兰布和沙漠的考古发现和地理环境的变迁》①。在一个地方发现考古遗存，然后确定年代，然后撰写报告，这个套路并不新鲜。但令人惊异的是，该文的结论没有做到考古遗物的细节排队和时代的精准推测上，而是做在了地理环境。考古遗存中有陶器、水井、生产工具，但它们都是在今天的乌兰布和沙漠中。这显示了一个巨大的反差，当时的环境绝不是沙漠，古今环境的巨变铁证如山！我并不知道这一结论的

---

① 载《考古》1973年第2期。

性质是历史地理研究，但强烈感觉到该项考古工作跨入了一片新的学术田野。

此外还有一篇，谭其骧先生的《何以黄河在东汉以后会出现一个长期安流的局面》①，文中提出了黄河中游地区农牧业的转换影响了该地区水土流失的程度，进而产生了对黄河下游水文形态的影响。这是一项大跨度空间的生态系统分析和推断，其间的关联性极富启示性。

在我的意识中，这些新鲜的感受后来成为认识地理学研究如何超越方志学的第一个出发点，体会到地理学的解释力。其实，这种关联性的讨论在地理研究中并不少见，但只有在自己特别在意的问题讨论中才会产生较大的触动。地理学的关联性往往在异质事物之间，这是地理学有别于大多数在同质事物之上所建立的学科的特点。而如何在异质事物间发现有意义的关联性便是地理学问题意识的一个关键。地理世界是异质事物的大系统，它们的互动是世界的一种动力，也是问题意识的滋生之处。

正因为地理世界是异质事物的系统，这门学科天然地具有跨学科研究的潜质。当年现代地理学之父洪堡的成功，乃是借助于地质学、生物学、气候学的新方法才得以对大自然的各项要素展开判断。索尔具有生态学内涵的文化地理研究，也曾借助人类学的眼光。后来段义孚的人本主义地理学的突破，显然借助了心理学，他获得心理学的大奖

---

① 载《学术月刊》1962 年第 2 期。

是实至名归。现在很少有纯粹的地理研究，见到的都是经济地理、文化地理、历史地理、××地理，我感觉，前面的界定词不是附带性的，而是决定性的，前面所注明的，不仅仅是地理现象的分类，更是学科盟友，在各自的研究方向上，一定要将经济学、文化学、历史学的解释能力联合到地理问题的研究中，才是上乘的工作。

历史地理学联合考古学的跨学科研究，最终诞生了一个新的学科门类：环境考古学，这是侯仁之晚年努力推进的事业，是一项学术成功演进的范例。现在，中国考古学会、地理学会、第四纪研究学会都成立了环境考古专业委员会，发展势头可观。侯仁之说："史前环境考古是历史地理学必不可少的延伸，历史时期环境考古更是历史地理学的重要内容。"①

空间转向

读历史研究著作，每读到做空间说明的时候，便感到很入味，比如关陇集团、南阳集团、河北世家等具有地理含义的概念的提出。谈历史事件、历史问题，加上空间这一维，便觉得分外透彻。但在史学著作中，这样的空间讨论并不多。一些地理学家抱怨，学者们往往有"重史的脾

---

① 丁超：《侯仁之学谱》，第560页。

气",以希罗多德(Herodotus)的《历史》为例:"希罗多德所以被称为历史学者,主要是因为历史学者比地理学者为多,其实他的著作中极大部分显然是属于地理方面的。"① 这个例子说明,地理不是内容的问题,是意识的问题,改进的途径不在增加地理知识的量,而在增加地理问题的自觉意识。早时读历史,对夏商周的理解仅限于"三代",即时间关系,但在王国维等人那里增加了地理位置关系,这就实现了对夏商周认识的完整性。王国维在对古文字的先后演变认识上,增加了对列国文字的横向差异的认识,这个意义也很大。

地理学的自觉意识,在方志学层面,往往在地理知识的分类上打转。不能否认,分类学是科学研究的基础,很多科学史家承认现代生物学分类法的启示,但必须将地理知识与其他知识相结合才会产生更有价值的问题。就社会人文这一方来说,"地理提供了自然背景和舞台场景,历史事实和它联系在一起才具有意义"②。有意义便是问题。这里提到的意义,基于事件与地理的结合。而这一观念的反向表述就是,历史事件若离开了与"自然背景和舞台场景"的联系,便损失了意义。以现代科学发展为例:"在欧洲不同的地区背景中,人们后来称之为'科学革命'的探索形式带有浓厚的地方印迹。在一些地方,海洋文化是培育科学探索精神的主要动力;在另一些地方,发挥主导作用的

---

① 詹姆斯:《地理学思想史》,第25页。
② 同上书,第26页。

是某种宫廷文化;而在其他地方,宗教的裁决则是主要的推手;还有一些情况,经济野心不但为人们的科学探讨提供了助力也带来了限制。……无论起作用的是哪种因素,那些以'科学'的名义被归为一类的人类活动,都深深地植根于地方的特殊性之上。"[1] 有些历史研究,为了寻求一致性,把历史过程从各自的区域中抽取出来,以求纯粹逻辑的叙事,这已经失去了真实性。

不过,向空间问题的转向,关注地理属性,不只是关注舞台背景或舞台位置,也要关注事物自身的空间性。很多事物都具有空间特征、空间结构、空间过程,这些问题不弄清,对事物的认识还是远远不够。事物的存在不仅有时间性,也有空间性。将单纯关注事物的时间性,增加一个空间性,有时是必要的。例如,北京城千年来基本位置不动,但历史中充满了城市自身的空间变异,不研究其空间变异,这座伟大城市的历史就说不清。城市空间结构考察的对象,不仅仅是物理空间,还有"第二空间""第三空间",即文化空间、心理空间、行为空间等。[2] 北京人不仅生活在京师的物理空间中,也生活在对京师的心理认同空间中。皇权空间、胡同四合院生活空间、街庙公共空间,这是北京的空间基本构成,有物质也有精神。京师不可能没有强大的皇权空间,然而祥和的胡同四合院空间又是对

---

[1] 大卫·利文斯通:《科学知识的地理》(孟错译),北京,商务印书馆,2017年,第195页。
[2] 索亚(Edward W. Soja)提出三个空间概念:物理环境为第一空间,思想环境为第二空间,体验环境为第三空间。

强大皇权空间的一种平衡和缓冲。北京人生活在二者的平衡之中。

城市空间是显像空间,而另有一种空间是隐喻空间,它没有物理外形,却对人有着不可忽视的控制性。通过一个人的讲话,你便可以感受到他拥有一个自己的个人空间。于是,"当遇见不同的人时,就置身于不同的舞台",或异己的场所,而"每一个场所都如同提供了一份内容各异的节目单"。[1] 个人是这样,群体也会是这样,为了认识一个特定的群体,有必要认识他们的特殊空间,既有物理空间,也有隐喻空间。这一认识,在文化地理、政治地理的具体研究中,都受到不同程度的重视。

大地上的多重网络(系统)

在中国传统地理学叙事中,或者说在阅读古代地理文本的时候,会形成这样的印象:行政区划所代表的政教系统是铺设在国土上的控制性网络。几乎没有另外的网络进入脑海。但是阅读史念海的文章《释史记货殖列传所说的"陶为天下之中"兼论战国时代的经济都会》[2],才忽然意识到大地之上还有别的人文网络。中国古代的一个重要地理学理念是:今登封、嵩山一带为天下中,那里有周公测

---

[1] 利文斯通:《科学知识的地理》,2017年,第7页。
[2] 史念海:《河山集》,北京,生活·读书·新知三联书店,1963年。

景台，这是就法统观念而言。抑或古代文人出于对皇权的颂扬，永远将京师奉为天下之中。这类由政治礼仪、天人合一观念向社会灌输的"中"的观念几乎是唯一的。但现在读到"陶为天下"中，才意识到还有铺在大地上的其他网络。陶是"天下"商业网络的"中"。感谢司马迁的记录，佩服史念海先生扑捉历史地理问题的敏感性。

美国学者施坚雅也对多重网络问题做了很有影响的研究，他在人们习以为常的农村乡镇行政网络体系中又叠加了一个商业集市网络，且借助"中心地理论"的支撑，讨论集市网络的空间规律性。我自己原本很轻视农村集市的作用（甚至存在），这与插队经验有关。在插队期间，农村虽然有一个合作社网络，但它只是官方乡镇网络的一部分而已，所以没有令我另眼看待。传统社会中的集市则不同，确实是乡镇管理网络之外的东西。

20世纪80年代初，还读到施坚雅的另一篇关于中国古代城市的文稿，有一个观点令人一愣：古代中国没有全国性的城市体系，只有区域性的城市体系。这个观点违背我们从一统志上得来的认识，即有一个一统性的政区治所网络，它是全国性的。当然我马上意识到，施坚雅说的是经济，不是政治。一个前提认识是，王朝时代的中国还没有全国性的市场体系。城市的双重网络结点性质是显而易见的，但只有全面的城市意识建立起来才会有这种判断。

关于行政网络与经济网络，如果进一步思考，还可以发现二者的差异，这需要更多的阅读。周锡瑞（J.W.

Esherick)在义和团研究①中,发现在当时的行政系统中,上下级的配合还算可以,但横向配合(两个县或两个府的配合)却不行,这是义和团发展地区(山东曹县、单县等地)的管理漏洞,义和团因此获得机会。这是行政网络的特点。而经济市场网络不会有这类问题。不同性质的网络,其"网线"路径效率的分配是不一样的。政治网络是纵向畅通,经济网络的横向畅通应该是生死攸关的。

人文地理学的研究要有敏锐的识别能力,对人文的东西,要善于做思想性观察,有些很重要的历史地理空间、网络完全是思想性的、观念性的,比如江湖这个概念。对每一种横铺在大地上的网络的属性也需要做深入判断与个性确认,这种确认是社会判断的深层部分。中国古代地理系统中,主体部分是一统王朝的空间综合体系,包括政治与意识形态,可定性为"王朝地理",它有强大的观念群(禹迹、九州、五岳等),有严谨的行政区划制度(郡县制),有完善的文本(地理志、一统志),古代的地理学也主要是围绕王朝价值体系发展起来的。有意思的是古人又创造出一个江湖网络,标新立异于王朝网络之旁,但保持二者的互动关系。金庸的小说有很多这类互动,电影《笑傲江湖》(许冠杰版)出场是王朝的网,然后转入江湖的网。比江湖网络更实一些的还有阴阳五行系统,在大小不同的人居区域中以可操作面目出现。

---

① 周锡瑞:《义和团运动的起源》(张俊义、王栋译),南京,江苏人民出版社,2010年。

中国古代王朝幅员辽阔，各类信息的网络建设（生成）是社会组建与运转的组成部分，在政治上、经济上、军事上、文化制度（如科举）上都有反复操作、反复调整的制度。在意识形态方面，国土法理属性的论证也是地理学思想领域所要完成的历史任务，致使"江山"一词充满了帝王之气。阴阳五行思想也加入王朝系统的论证。总之，古人就是生活在这层层叠置、相互交融的网络系统中。历史地理学在对这些网络的揭示中，可以享受充分的学术乐趣。

地表过程

人文事物的地表过程往往被处理为机械性的位移，只关心起点与终点，对这两点的考察分析也会很到位。但地理学的空间，不是只提供无意义的真空距离，这是空间虚无论。人文事物的空间过程是一个生命过程，有成长也有变异。这一问题，读过美国人西进历史过程的研究便会有深切体会。美国文化中的一些重要基因，并非来自欧洲，而是在美国人不断西进的历史地理过程中形成的。比如私人拥有枪支的政策、个人的独立精神等等。人文地表过程具有创造性，这是很重要的意识。

地理空间中有复杂的自然因素与社会因素，这些因素都会对迁徙者产生或大或小的影响，在这个意义上，空间过程也是历史过程，充满变异和创新。如此充满内容的时空交融的过程，正是历史地理学关注的题目。中国历史上这样的交融过程很多，西周的封建制度、秦代的郡县体制，都可以说是在地表过程中被创建出来的。周边族群的内向移动，这样的事例更多，且形态更复杂。

人文地表过程至少面临两类变局，一个是进入并适应不同的环境系统，另一个是打开原本的社会机制并吸收新的社会元素。这两项变局不是突变而是渐变，是动态的逐步呈现。人文主体会在这些动态渐变中，调整、选择、创造新的社会组织形态，形成新的体系特征、文化特征。例如商朝在疆域扩张中形成"外服"地域，随之发展出"外服"官员系统。[1] 10世纪，契丹人不断南扩，在这一过程中耶律德光创造了"一国两制"（以及一城两制）的新体系。

在中国社会历史中，"远程系统"的建立是一个关键，也是一项成就。许宏在论证二里头文化时，强调了"广域国家"问题，[2] 这是解读中国上古史的一个关键议题。"广域"机制的建立并突破一般性规模（权且使用这个词）而走向超大地域规模，是中国历史的基本线索之一，在这个结构化地表过程中，一系列的观念、制度涌现出来，如普天之下、九州、一统等。中国的大地域社会是长期全面培

---

[1] 唐晓峰：《殷商"外服"农业发展在国家领土扩张上的意义》，《中国学术》，2002年1期。
[2] 许宏：《最早的中国》，北京，科学出版社，2009年。

育的结果，具有"超稳定"机制。中国历史的地表过程，包括翻越庞大的山地，任何地形障碍均不在话下，对比欧洲地图，这是个奇迹。在欧洲，罗马帝国也曾拥有辽阔领土，但其建立主要是依赖单纯技术性手段，结局不同。美国地理学家罗兹·墨菲（Rhoads Murphey）在研究中国近代化历史问题时，注意到由口岸城市沿河流深入内地并局限在流域附近的地表过程。社会地表过程研究，是历史地理研究的有趣课题。

人本主义

人是对世界进行感知、认识、解释、判断、选择的主体，而这个主体的感性力量与理性力量都在全方位地发挥作用。当把人的行为决策作为最高研究目标的时候，人本主义观察与解释是必需的。当地理学作为人类行为的解释手段而不只是世界的旁观手段时候，人本主义的引入具有重要意义。

我在美国学习的导师赛明思（M. Samuels）教授是当时一位活跃的人本主义地理学家。他与另一位地理学家李（D. Ley）主编的《人本主义地理学》[①] 是倡导人本主义研究的经典文献。这部论文集中的作者都是当时最活跃、

[①] D. Ley and M. Samuels (eds): Humanistic Geography: prospects and problems. London: Croom Helm, 1978.

最有影响的人文地理学家，所以本书颇有声势。从具体的人出发，是人本主义地理学的特点，有两个地理学概念在人本主义潮流中最醒目：一个是地方（place），一个是景观（landscape）。这两个概念早已有之，但此时被赋予更复杂的内容，关键一步是在这两样东西前面放上了具体的人，是具体的人与地方、景观的个性对话，构成问题的整体。

我第一次接触"地方"这个概念是在雪城大学地理系选上的第一门课，英文叫 cultural approach to place，刚看到这个题目并不懂，上了几节课算是明白了"地方"是什么意思。它是人的行为与某个地方的牢固结合而形成的意义成果，当人们提到这个地方，那个特定意义随之出现，在这种情形下，谈论一个地方就是感受那个意义。地方研究实际上是地方意义研究，即所谓 the meaning of place。我当时做了一篇作业，讲中国人心中的三个基本地方：故乡、首都、实际所在地，这三处地方各具意义，是中国人心中地理世界的三个基本支点。教授承认我明白了地方这个概念的内涵和用处。

上这门课的教授是詹姆斯·邓肯。回想起来，邓肯虽不是我的导师，但实际上他对我的影响最大，他的课，连注册带旁听，我上了四次。这些课分作两大类，一个是各类哲学流派与地理学思想的关系，另一个是地理学思想史。这些内容把地理学带到了"天上"。有人说，人类属于天，动物属于地，上帝给了人类仰望的功能，而动物永远俯视大地。地理学思想史课用的教材是英国地理学家约翰斯顿的《地理学与地理学家》[1]，此书将欧美地理学界"二战"之后的思想理论发展梳理得十分清晰。我回国后与几个朋友合作将其翻译成中文，它后来被商务印书馆纳入汉译名著系列。

我在美国努力完成对人文地理学的理解的时候，正是段义孚教授的思想盛行学界的时期。在研究生的讨论课上，"Yi-Fu Tuan"这个名字不绝于耳。段义孚是美籍华人地理学家，在人本主义地理学的论证与传播上起到了异常重要的作用。他的思想在地理学中的创新性十分锐利，似乎一碰便有强烈反应，将大地视为客观沉稳的思想习惯，在段义孚这里被掀掉，地理世界原来也是灵活、浪漫的。他的《恋地情结》[2] 一书风行欧美地理学界。

欧洲人讨论人类在自然环境中的能动性，讨论了上千年，并争论这个能动性是上帝给的还是人类自己具备的，总之人类在环境中的特殊性最终得到承认。不过，这些讨论大多停留在"工匠"式的技术层面，而在人的世界中还有情感精神空间，段义孚正是将人类的能动性大幅度引入情感空间，"还地理学一份人情"。[3] 地理世界在政治价值、经济价值之外，还有情感价值。而情感价值概念的引入，使个人具有了重要意义。

---

[1] R.J.约翰斯顿：《地理学与地理学家》（唐晓峰、李平等译），北京，商务印书馆，2010年。
[2] 段义孚：《恋地情结》（志丞、刘苏译），北京，商务印书馆，2018年。
[3] 唐晓峰：《还地理学一份人情》，《读书》2002年11期。

在段义孚的词汇中，perception、image 等跃然而出。情感与意象同样具有改变世界的力量，同样表现出 human agent（人的能动性）的属性。想象可以为世界增值，打造有别于理性的世界。在古代，意象世界甚至被认为是世界的主体。个人想象可以扩散为群体想象。吴承恩的想象、金庸的想象都演化为群体想象。我在美国遇到一个越南青年要到中国寻找金庸的世界。金庸的"华山论剑"碑已经矗立在华山之巅。看来，要充分解释数千年来人文世界的林林总总，需要多样的眼光和办法。

中世纪欧洲人曾提出两个自然的概念：第一自然是上帝的自然，人类创造了第二自然，20 世纪，索亚又提出三个空间。这两个自然、三个空间地理学全要管。它们机制不同，自然机制对应自然科学，社会机制对应社会科学，人文机制对应人文科学（这个科学是广义的）。另外，从尺度说，从全球空间到私人空间（随身听产生的个体空间、咖啡厅中的个体空间等等，打造特色个体空间已经成为新生活方式），地理学也要进行揭示和解释。

结语

/

总结一下，我不算是学院派的地理学者，背不出地理学理论所有的大纲小目，只是选择性地在这个基本出发点上自由地观察世界，观察社会，观察人。我很喜欢梅尼教授的一句话，他把地理学从 a way of knowing 改进为 a way of thinking，强调更主动的地理学研究。在丰富的大地上，不仅要寻找要素，还要寻找问题。地理学研究对象的定义也可以是出产问题的大地。上面所谈，是我学术经历中几个印象深刻的方面，每一个受到启示的问题域都是我的学术驻扎地。

还有，我在认识问题的时候，主要选择历史性解释，这是历史地理学的特点。很多学科注重原理，以原理处理问题，在今天的人文地理学研究中，这类倾向很重。我遇到一些研究生，他们的理论概念能力很强，善于做概念逻辑建设，可以画出一幅幅概念关系图。每到这时，我喜欢请他就某个概念在现实中的表现举个例子，按说这不是难事，但他们往往卡壳。他们不只是缺乏社会经验，还缺乏思维习惯，缺乏在"世俗"事物中寻找"高雅"问题的能力。历史地理学不能对问题只做原理处理，而必须提供对特定时空因素（包括具有重要影响力的偶然因素）的具体分析。

当然地理学还有思想史的问题，这也是个很有意思的领域，以后有机会再多谈。但一个基本的学术史告诉我们：从远古开始，人类便由于好奇心而积累了大量关于大地环境的丰富知识，但地理学的前进步伐却不是由这些知识的数量衡量的。地理学发展的标志是问题意识的更新。西方"地理大发现"时代积累了大量新奇的资料，但"新的地理书仅仅加添了一些探险家们所提供的新报导，而观察的方法，指导观察的思想或概念，以及所提出的问题，却仍然和从前一样"①。旧有的问题意识使面对新鲜资料的人仍然"生活"在旧世界的原理中。格拉肯在赞扬了一批17、18世纪的思想家的贡献之后，同情地说："时至今日，他们的问题还是启发了我们的问题，可是他们不可能比这做得更多了，因为他们生活在一个与过去更相似得多的世界里，至少从人类文化和天然环境问题来看是如此。"②地理学问题意识的大更新是在洪堡的时代，即19世纪，"洪堡提出了不为任何其他学科的工作者所提出的有关地球和人的问题——例如，他把瓦伦西亚湖畔陡坡上的植被和湖的供水情况联系起来，和导致山坡上森林砍伐的经济与政治条件联系起来。他写了墨西哥和古巴的区域研究，这些著作不仅是那些地区的记述，也用一般理论来进行了解释"③。现在公认，洪堡是现代地理学的奠基人，以科学精神解释人地关系问题是现代地理学的宗旨。

我感到，现在的学术日趋发散性，在一个所谓学科中会有很多被发散出去的研究。很多年轻学者喜欢跟随事实——准确地说是问题——往外走，这是好事。英国地理学家哈·麦金德说："知识是统一的整体，它的分化成各个学科是对人类软弱的一种让步。"④地理学家必须做知识面

---

① 詹姆斯：《地理学思想史》，第114页。
② 转引自上书，第110页。
③ 詹姆斯：《地理学思想史》，第176页。
④ 哈·麦金德：《历史的地理枢纽》（林尔蔚、陈江译），北京，商务印书馆，2010年，第41页。

前的强者。

（本文原载汪晖、王中忱主编：《区域》第十一辑，北京，社会科学文献出版社，2022年）

第四章

几个比较重要的研究领域

（分支）

历史地理学的研究在不同的国家、地区所侧重、选择的议题不同，这是它们各自的地理特点、历史特点决定的。甚至研究同一个地区，因为选定的时代不同，也会有内容的差异。这些都不难理解。不过，这些差异并不影响我们对几个基本问题域的归纳，换言之，我们还是可以识别出几个重要的研究分支领域，就像所有的基础学科（一般说的一级学科）一样。历史地理学的分支研究领域，在参照地理学的基本分支基础上，又有自己的特点。地理学的学术分支很多，学者们根据自己的问题意识，可以开列很多类似研究分支范畴的术语。以下主要从中国历史地理学的研究实践，选择几个研究比较集中的分支做一些讨论。

历史自然地理研究

这是新历史地理学十分重视的研究领域，是传统历史地理学的薄弱部分。以中国为例，古人对于自然环境当然是很关心的,这是人类最基本的探索领域。但在知识特征上,要么是经验性的知识积累,要么是从阴阳五行思想出发的解释,其知识分类简单,解释也达不到专门化程度(阴阳五行是一种泛化的理论,不是专门的地理学原理),是未能充分展开的学问,在古代地理学中的地位相对不高。中国古代地理学中,做到深入展开的部分是人文地理学。正因为此,在墨守传统地理学框架的旧历史地理研究中,自然地理的研究范围很小,其用功的部分主要在河渠研究这一块。现代历史自然地理学则全面采纳现代环境科学的框架,对自然环境中的基本自然要素、重大环境问题,都要进行系统的研究,既要复原时代面貌,又要追踪演变轨迹,其解释工具当然是科学原理。

就总体状况来说,新历史自然地理的研究范围很广。从时间段来说,它要上接古地理研究。所谓古地理研究,即研究人类登场之前的地理面貌。到了人类出现,再具体一些,是人类原始农业出现,历史地理学就接过接力棒,开始施展身手了。这是就人类对于自然环境的影响力而言,自原始农业出现,人类向大地本身开拓,除草、挖土、种庄稼,环境中出现了从未有过的人文景观。此事的意义对于人类是巨大的,对于地理环境也是巨大的。用地质学、古生物学的术语说,这个时代属于全新世早期,距今一万来年。用历史学家、考古学家的术语说,这个时代属于新石器时代。

由于新石器时代的开启,农业生产在人类活动中的地位越来越高，人类对自然环境的影响程度和广度不断增强。从此，自然地理环境的变化，除了受自然界自身因素影响，还受到人类活动影响，而且，随着历史的进程，随着技术的进步和社会生产力的提升，人类对自然界的干预和影响力也越来越大。于是这个题目成为不可忽略的历史地理研究的内容。

在人类的历史环境变化问题上，各地的情况不一样，每个地区都各有突出的环境问题，或环境变化的主题。欧洲历史上，人类清除林木、排干沼泽是典型的环境变化问题。中国历史中的情形要复杂得多，除了基本的农业垦殖，可研究的重要的环境变化还有气候变化、河流改道（以黄河为代表）、湖泊盈缩（以洞庭湖为代表）、植被变化（以黄土高原为代表）、沙区变迁（以长城地带为代表）、海岸变迁等等。这些都是中国历史自然地理研究的重点问题。近年，与环境史、生态史的结合，是历史自然地理研究的新动向。如侯甬坚指出的，环境史的视角，使自然环境从历史的"舞台"变成历史的主角，生态学视角的加入，则使研究者更加关注作为整体和系统的世界，探索人与自然，以及其他生命体的紧密关联。①

一般的说法，研究历史地理，材料是历史的，解释原理是现代的。的确是这样，但在历史自然地理研究这里，做起来却不那么容易。主要困难是资料问题，历史文献

---

① 黄义军：《历史地理研究的新趋向（2015—2020）》，载《中国史研究动态》，2021年第6期。

（主要的历史资料）中关于自然环境的记载不少，但太缺乏科学性，或者说很难用在科学研究的范式中。古人对于自然地理现象的记录，基本上是经验性的、简单的、离散的，像徐霞客那样系统性的记述是极罕见的。而关键性的量的记述，更是随意得很，许多记述其实是文学性的、夸张的，谈不上科学性，不可凭据。在这样的资料基础上，很多环境变迁研究只能得出大略的结论。为了提升研究的精确性，新的获取历史资料的方法被不断推出，这主要是一些科技手段，如在沉积地层中取样进行孢粉分析、动植物遗体分析、沉积物粒度和矿物分析，对有机遗存进行碳14测年，等等。

环境考古学的建立，是历史环境研究重大改进的成果。其方法主要是在考古遗址中提取与环境有关联的信息，进行古代环境复原。由于信息取自考古遗址，其年代有较可靠的依据，所以很有学术价值。因为复原环境是研究的最终目的，它其实应该称作"考古环境学"。不管叫什么名称，在研究内容上，特别是结论的意义上，完全可以成为历史地理学的一个重要组成部分。

历史政治地理研究

很多人将政治地理学理解为地缘政治，且主要在国际关系研究中。不错，在国际关系史中，政治地理问题含量很大,一直是研究的热点。但政治地理包括的内容当然不止于此,西方国家中,政治地理学者也关注选区、选票分布的问题。我国的历史政治地理研究,有很明显的自身特色,这是由社会历史特点决定的。它可以分为两个主要问题领域,一个是国内行政区划史,另一个是边疆演变史。这两个领域都是传统历史地理学十分重视的,积累的研究成果甚多。在这些领域,新历史地理学需要很好地继承传统历史地理学的成就,包括研究方法。在实际的学生培养中,也确实是作为基本功来要求的。有一个专门的术语表示这个研究传统,即"疆域沿革史",顾颉刚、史念海先生就编写过《中国疆域沿革史》。古代中国,自秦以后,基本上奉行中央集权的政治制度,其地方行政区域划分相当细致,研究这些区划不仅本身具有重要的历史地理意义,其形成的区域网络对其他地理问题的研究又具有地理坐标意义,是地理叙事的基本参照系。它是中国独特的地理遗产。

进入新历史地理学的发展时期,对于疆域沿革史的研究继续发展,且推出新的系统性的重大成果,代表者即谭其骧主编的《中国历史地图集》。此集在新的科学底图上,以古今对照的方式绘制,故科学性极强。新历史地理学研究,除了准确的方位地点考证,对于政区设计的制度变化、思想背景也进行了阐释,得到了古人未曾归纳出的认识。更重要的是,从传统的行政区划地理研究发展为相对成熟的历史政治地理学,这是重要的学术进展。周振鹤在《范式的转换——沿革地理—政区地理—政治地理的进程》一文中对历史政治地理做了简明的阐述："大致说来，观察中国古代的政治地理学可以从三方面着眼：一是思想家对于理想政治制度中地理因素的阐述，二是历史学家或地理学家将地理要素作为政治体制一个组成部分的观点，三是政治家利用地理因素解决政治问题的具体操作过程。"①

在欧洲，早期人文地理学有很强的国家学特色，对国家空间、疆域的复杂变化进行跟踪考察。国家学与地理学有天然的缘分。在中国古代，国家即王朝，故也可以称王朝地理学。空间管理结构、疆域变化、国家管理制度下的人口与经济、重要军事部署、王朝水利等都是重要内容。一个王朝概念高高在上，笼罩一切，包括从价值观到制度细节。历史政治地理学研究，首先是考察并复原王朝治理的大系统，在此基础上，再超越古代王朝系统，选择新的视角和更高的历史观，提出新的问题，做进一步剖析。

国家、政治是与地理关系十分密切的，在对国家、政治做叙述时，不可能不涉及地理知识、地理问题。西方的政治地理、国家地理包含大量历史地理的内容，甚至将这一类叙述统称为历史地理。这是地理学现代化初期的情形。随着人文地理学各个分支的成熟发展，政治地理学的特殊问题域也变得鲜明。政治分割，地缘政治，政治集团的对接形式、对立形势，力量对比的衡量与分析，不仅仅是势

---

① 载《华中师范大学学报》（人文社会科学版），第52卷第1期，2013年，第119页。

态，还有体制。体制影响力量的实际发挥。中国古代的特殊地域政治关系，一统主义与地方主义的相持（tension），是一项无休止的统治议题。许多历史变局都是在这类动荡中衍生、爆发出来。解释历史事件，其爆发部位的考察也很关键。比如唐代安禄山力量的集聚与增长便与他的地理位置有密切关系。政治势力的空间规模、政治制度的覆盖范围以及影响控制范围，由不同的政策、不同的行为体现。在古代，权力的地方配置、地方分解有各种不同的形态，西周封国与更早的"协和万国"不同。在特定时期，政治考虑往往是统治的核心事务，它对军事地理、经济地理、人口地理等都有很大的影响力。

在历史时期，中国边疆地带是民族关系、政治关系极为复杂的地带，在不同的方向部位，有不同的自然环境与不同的民族与社会文化形态，加之它们身后又有深远的背景，问题的含量已经超越了中国史。所以边疆政治地理是极其重要的研究领域。传统边疆地理研究，主要用力在地名考证与中央王朝的边地制度方面，对区域本身特征的探索未能深入。美国学者拉铁摩尔（Owen Lattimore）的研究明确提出中国内陆四大边疆的概念和各自的历史特点，[1] 有所突破。随着地理问题意识的增强，随着对于边疆历史意义认识的扩展，对于边疆历史政治地理的研究获得了大幅进展。一个重要突破是对边疆概念的重新界定，

---

[1] 拉铁摩尔：《中国的亚洲内陆边疆》（唐晓峰译），南京，江苏人民出版社，2010年。

所谓边疆，并不是一个边缘的、次要的、消极被动的地带，它也是一个具有独立特性或曰自主性的地带，问题就在其独立自主性是如何表现的。边疆也是一些重要历史事件的孕育者、启动者。此外，边疆两侧社会的关系到底是怎样的，两方对于同一边疆地理地带的经验与意识有何区别，在双方互动过程中，某些边疆地带是如何转身成为中心地带——例如北京地区——进而成为大型社会的核心，这些都是很有意思且十分重要的政治地理议题。

历史城市地理研究

城市在地理学中，既是点，也是面，在一般地图上，城市都是一个个点，但在城市交通地图、旅游地图、规划图上，城市则是面。这两个视角都是重要的城市地理考察的方面，都可以展开丰富深入的研究，当然，若将二者结合，一并展开考察，便是全面的城市地理研究。现在很多城市历史地理研究都是这样做的。

与城市有关的地理问题，在一般经验性知识中就可以达到一些基本的认识，不用多少专门的地理训练，也可以获得有意义的了解，如城市坐落在什么样的地形上，所处的交通形势怎样，有没有河流穿过，城市是什么形状，街道格局特点，等等。古代文献中就有不少这类东西。当然，现代城市地理学要达到的认识远不止这些。

城市研究并不是最早进入地理学范畴的分支，现代地理学是从关注山川大地开始的。比较而言，城市问题在其他人文社会科学（尤其是社会学）中则更早占据了重要位置。地理学感到有必要对城市问题下专门的功夫是20世纪的事情。在西方，"直到20世纪40年代，关于城市地理学的英文出版物还很少，这方面最早的文章在1946年"[①]。我们在索尔的研究中很少看到城市，正是这个时期地理学特点的反映。不过，在20世纪六七十年代后，城市地理研究开始迅速繁荣，起初是受到计量潮流的推动，关注区位问题，后来又受到人本主义思想的推动，关注城市景观和人文空间问题。历史城市地理研究受到那个时期"城市热"的影响，也迅速发展起来。

在中国，历史城市地理学有着很重要的学术史地位，这个分支几乎是和新历史地理学同步发展的。这与侯仁之先生的学术贡献有关。侯先生的历史地理研究，是从对北京地理问题的摸索开始的，他在青年时期，就在对这座城市的好奇心的驱使下，决意寻找一些根本性的答案，如：北京为什么在这个位置上持久不衰地发展？为什么最后成为中国王朝的伟大都城？这些问题可以从不同的角度回答，但侯仁之出于对地理学的兴趣，要寻找的是北京城发展的地理原因。侯仁之的北京研究，被视为城市历史地理研究

---

① 约翰斯顿：《人文地理学词典》，第764页。

的典范。

北京城的历史是一个传统大题目，以清代《日下旧闻考》为代表，其城垣宫室、街巷河渠等都有很详细的资料整理和史实考证，但侯仁之认为："我们今天再来讨论这个问题，贵在能把握一个正确的观点，然后从这个观点出发，把北京局部的地理地位，放在全部相关的地理地位的关系上来加以分析，这样我们才能真正认识北京地理地位的重要性。这个观点，就是现代地理学研究上所谓'地理区域'的一个基本概念。"①

侯仁之对北京城的历史地理研究的突出特点是，视城市与周边区域为一个有机整体。他没有把北京城作为一个单体事物来研究，他研究的实际上是城市所在的"地理区域"，而不仅仅是城市本身。我们注意到侯仁之在用词上的一个特点，他习惯于称自己的研究是"城市历史地理"，而不是像一般使用的术语"历史城市地理"。这是从他对问题性质的理解所产生的自然而然的概念。在"城市历史地理"这个概念中，表达的是一个城市区域历史地理。举一个通例，如果研究华北平原，或山西省的历史地理，我们会习惯地说"华北平原历史地理""山西省历史地理"，而不会说"历史华北平原地理""历史山西省地理"。同样，侯仁之研究的是"北京城市区域历史地理"，所以不便称"历史北京城市地理"。在实际写作设定标题时，如果是确指某个

---

① 侯仁之：《北京的地理背景》，载氏著：《唯有书香留岁痕》，第147页。

具体的城市，一般也会写作"某某城市历史地理"，而不作"历史某某城市地理"。作为城市区域研究，侯仁之本人以及他所直接指导的研究生的论文，包括这样一些议题：城市起源的地理背景、北京城在华北交通体系中的地位、北京城与北京小平原的关系、北京城与永定河渡口的关系、城市水源系统的转换与开发、城市平面规划变迁、北京郊区的古村落分布（尹钧科）、北京地区历史人口（韩光辉）、北京城郊庙宇分布（伍旭昇）、9—12世纪华北平原城市地理（李孝聪）、古代城市中的市场分布（高松凡）、近代北京城的空间变化（王均）等。

城市是在区域的地理环境多种要素结成的系统中出现并发展的，这是城市历史地理研究的标准思路之一。比较历史城市地理研究与现代城市地理研究，历史性研究会多一项重要工作，即复原古代城市区域的地理面貌。而现代地理学立足于当下的地理条件、环境系统、社会经济背景，就可以开展相当到位的研究。历史性研究当然不能用现在的地理条件、环境系统做背景去讨论古代的问题。这有一个认识前提，即地理条件、环境系统是变化的，有些古今之变还相当剧烈。这一环境观对于历史地理学极为重要，缺乏这个意识，历史地理学就少掉了一块重要的基石。只有找准古代各个地理阶段的环境特点，才能对地理事件进行准确的推理解释。仍以侯仁之的北京研究为例，华北平原地表水的状况古今差异甚大，侯仁之说："从今天的情况来看自北京小平原南下华北大平原，无处不可通行。但是早在三千多年前北京的原始聚落开始兴起的时候，情形却不是这样。那时只有沿着太行山东麓南来北往才有可能。因为大平原北部，……曾是水网密布的地方，……形成了南北交通上的极大障碍。只有了解到这一古代自然地理的基本情况，才便于进一步探讨北京地区早期的交通发展和北京城兴起的问题。"①

城市的地理位置，几乎是所有城市研究的起始点。城市的位置优势如何，这是最基本的提问。关于城市的这个问题，仅凭经验知识，就可以对城市的地理位置价值获得基本的认识。传统历史地理研究，在着重做地点与时间的考证之外，也有一般性的地理位置解说。新历史地理学对历史城址问题，则努力向深处推进，如进行长时段的动态观察，跟踪区域内中心城市的转移路径，等等。例如，在芜湖城市历史地理研究中，便揭示出一条青弋江流域的中心城市转移的线索。初期，它位于青弋江上游的高地，中期则转移到青弋江的中游，在青弋江与沟通东部的运河相交的位置上，而晚期则来到青弋江汇入长江的入口处，原来位置的城邑，或者衰亡，或者降为普通城镇。研究的结论是：芜湖城是和水上运输有密切关系的，它起源于内陆的小河边，又从内陆的小河转向近江的大河，再从近江的大河扩展到大江的沿岸。这一过程和每个时期的经济发展、

---

① 侯仁之：《北京城的兴起——再论与北京建城有关的历史地理问题》，载氏著《北京城的生命印记》，北京，生活·读书·新知三联书店，2022年，第52—57页，引文见第52页。

政治要求是分不开的。[①]

城市群研究也是一个新题目，这个问题与位置有关系，但更重要的是对城市间关联性的揭示。城市群的线索可以是形式上的，例如河谷中的城市群、区域中的城市群等，这是外在环境对城市群的界定。对城市群的更重要的研究是揭示城市群体中的关联性机制的存在，如商业市场关系、政治层级关系、军事联动关系，也可以有共同的context，即潜在的共同意识，不同层面、不同形态的纽带线索，等等。这样的城市群是实质性的，比形式城市群更有学术意义。

城市空间形态是城市文化最重要的景观呈现，特别是对比不同文明中的城市，会有重要发现，不同性质的城市在空间结构上也是不同的。城市空间形态可以分为两大类研究范畴：一类是平面规划形态，另一类是立体景观形态。城市平面规划形态是较早开展的研究，古人已经关注这类问题，在古代城市文献中这类记载很多，也有城市平面图。中国古代的城市，特别是都城，在平面规划这个问题上特别值得讨论，在方位含义、对称手法、建筑布局等方面都有不容忽视的意识形态背景，都有特定的政治礼仪、文化风俗含义。西方古代大城市一般没有严谨的整体规划，但其街区发育过程仍具有社会史方面的重要意义，也必须研

[①] 唐晓峰、于希贤、尹钧科、高松凡：《芜湖的聚落起源、城市发展及其规律的探讨》，载《安徽师范大学学报》（人文社会科学版）1980年第2期，第54—69页。

究。关于立面景观问题，是较晚发展起来的研究议题，景观材料比较特殊，图画、建筑史材料、遗址材料是主要的，但数量有限，所以问题的丰富性不如平面规划方面。

在中国，历史城市众多，在今天的城市发展建设上，如何处理好现代性与遗产保护的关系，是历史地理学者应该参与的领域。历史地理学者的责任是厘清遗产的历史背景，进而论证遗产的历史价值，这些都是遗产保护工作的基础依据。遗产保护问题属于当代问题。这是历史地理学学术性工作向当代建设性工作的延伸。

城乡关系，可作为历史城市地理的延伸题目。如果将城市研究扩展为区域研究，除了对区域的自然环境因素要加以关注，考察它们与城市的关系，还应当关注区域人文因素与城市的关系，在人文关系中，城市对于周边区域的影响是重点。在不同的社会机制下，城市对于周边郊区、乡间的影响方式是不同的，在漫长的历史中有丰富的表现。西周封建时期的城乡关系与后来大一统时期的城乡关系，在形态、性质上都不同。即使在大一统时期，不同阶段，不同地区的城乡关系也不一样。例如，是否城市越大、地位越高，其对周边的影响力就越强，其间是否存在正比关系，还要具体分析。例如，北方京师地区的情形就十分特殊，明清时代，北京地区的城乡关系与苏杭地区的城乡关系明显不同，北京的农村不及苏杭的农村发达。北京地区的城乡之间，存在断崖式的差异，这是一个极其特殊的现象。在景观上，北京城的高大辉煌与不远的乡间的贫穷完全是两个人间。

历史人口地理研究

人口问题，虽然最流行的知识是人口总量，但一旦深入进去，地理问题势必出现。人口地理是人文地理的基本问题，人类的一切活动都以人本身为基础，人口的分布与移动基本上就是人类活动的分布与移动，所以人口研究是人类所有活动研究的基础，尽管它不直接等于政治行为、经济行为、文化行为等等。

在历史上，从人群概念到人口概念，反映一个质的变化，即人类社会规模的增长和人口管理的细化。而人口管理必须包含空间分配秩序，这是最基本的人文地理。在中国古代，人口数目的分布是王朝管理的重要资料，郡县的设置要受其影响，故官方记录比较齐备，当然，如果进行定量分析，仍有准确性的问题。[①]

人口地理涉及人口（密度）分布、人口迁徙两大基本题目。人口分布状态证明着一种人文地理形势。"人口分布和密度的最终模式长期以来是地理学研究的对象之一。人口密度的讨论不仅关联到整体环境条件，而且与农业和经济的潜力密不可分。"[②] 在传统社会，人口问题与区域

[①] 参见葛剑雄：《中国人口发展史》，成都，四川人民出版社，2020年。
[②] 约翰斯顿：《人文地理学词典》，第525页。

经济水平关系最密切，一般成正比（现代社会中有时是反比）。在常平时期，人口分布与经济发展格局相吻合。胡焕庸先生在20世纪30年代所提出的人口分界线（后称"胡焕庸线"），揭示出中国人文地理中一条根深蒂固的东西分界线，它不仅仅是人口密度的分界线，也是诸多地理要素的分界线。据韩茂莉研究，中国古代农业东西分布格局的稳定性较大①，这应是胡焕庸线形成与稳定的一个原因。

具有动态特征的人口问题是移民，其拥有对人口地理特征的解释力。移民在欧洲历史上，引人关注的是跨国移民，这在他们的历史上是重要问题。有意思的是，拉采尔在早期关注移民问题时，竟然把眼光投向中国，而且，他所关注的中国移民也是国际移民。在出版《人类地理学》之前的1876年，拉采尔出版了《中国人的向外迁徙：对文化地理和商业地理的研究》。② 这是西方学者较早对中国的移民现象及其在政治、经济和人口学方面的影响进行的系统性研究。全书分两部分：第一部分主要从政治、历史、地理和经济方面讨论中国成为一个移民来源国的原因；第二部分研究中国人的移民目的地，包括亚洲大陆和海外其他地区。③

---

① 韩茂莉：《中国历史农业地理》，北京，北京大学出版社，2012年。
② Friedrich Ratzel: *Die Chinesische Auswanderung: Ein Beitrag zur Cultur- und Handelsgeographie* (Breslau: Kern, 1876).
③ 关于拉采尔《中国人的向外迁徙》一书信息，由在柏林自由大学的贾长宝提供。

两相对照，我们更关心的中国历史移民主要是国内移民，[1] 国内复杂的移民过程正是中国文明的一大特点。移民是被驱动的，无论是内部原因还是外部原因，从这个角度看，移民指向一种结果；但另一方面，移民结果又形成下一轮发展的人文地理基础。葛剑雄指出："可以毫不夸张地说，离开了移民史就没有一部完整的中国史，也就没有完整的经济史、人口史、疆域史、文化史、地区开发史、民族史、社会史。"[2] 的确，熟悉历史人口地理的大背景，是认识历史上各种社会问题，包括人文地理问题的必要知识准备。

人口最集中的地方是城市，城市人口研究重视规模，人口规模是城市定性的基础，也是认识与城市相关联的多种事务的基础。例如，意识到秦咸阳、汉唐长安的人口规模，才会从消费规模上理解漕运的必要性和艰巨性，才会从经济上理解为什么宋代以后要将都城移出关中地区。北京之为都城，满足了政治上的需要，但从人口角度看，[3] 中国古代超大城市的痼疾依旧，元明清北京地区发展的一系列问题（山泉开发、昆明湖扩建、通州兴起）均与此环环相扣。

在中国，如果把历史民族人口加入，则历史人口地理

---

[1] 历史上的"国内"概念是遵照谭其骧先生的意见，见《中国历史地图集》序言。
[2] 葛剑雄主编，葛剑雄、吴松弟、曹树基著：《中国移民史》第一卷，福州，福建人民出版社，1997年，第75页。
[3] 韩光辉：《北京历史人口地理》，北京，北京大学出版社，1996年。

的问题会变得异常复杂。谭其骧先生是中国历史人口问题研究的推动者，他曾感慨这一问题的艰巨性。在20世纪80年代，历史人口问题的研究已经取得了很可观的成绩，但他仍然说：若将人口问题做出较完备的论述，"显然还有待于今后有志于此者的成十倍的努力"。①

历史经济地理研究

人的经济活动是基本社会行为，且具有很强的地理特征，是地理学研究的重点。但"经济地理学的早期以发展大量的是非理论的，并以并不单一的经验论为特色，关注的是世界各地生产的实况详情"②。古代的经济地理学，以记录为主，即方志学的一套。在这个方面，世界各个地方都差不多，西方斯特拉波（Strabo）的书中有不少经济记录③，我国的《史记·货殖列传》《汉书·食货志》都有集中的记录，此外还有大量方志。从资料来说，这是优势，很可贵。但今天的研究者，还要善于提取问题和阐释问题，这才能把研究引向深入。史念海先生对"司马迁线"的论证与"陶为天下中"的解释就是这方面的典范。

---

① 谭其骧：《历史人文地理研究发凡与举例》，载《历史地理》第十辑，上海，上海人民出版社，1992年。引文转引自葛剑雄、吴松弟、曹树基：《中国移民史》（第一卷），《前言》第7页。
② 约翰斯顿：《人文地理学词典》，第174页。
③ 斯特拉波：《地理学》（李铁匠译），上海，上海三联书店，2014年。

"传统研究的重点放在生产的环境和技术条件的生产和利用上。""经济地理学所关注的都是地表特质的人类利用及其供给量,以及人类可能利用的措施。"[1] 影响古代经济地理的,有三个大部分:第一是自然基础,包括气候土壤、天然资源;第二是市场分布与商品流通;第三是官府政策。前两项是十足的地理问题,官府政策也会有区域差异,有些改革事务中可以见到较具体的区域性差异。在中国古代,陆地自然基础的影响大一些,在古代地中海世界商贸市场因素影响大一些。他们赞美海洋,说是上帝赐给他们的贸易通道。

经济地理学在当代地理学中占有极其重要的地位。不过,在传统地理研究中,经济地理却不如政治地理地位高。原因是多方面的,古代地理学注重国家性问题,或者说是治国平天下的问题,这本是历史学的核心价值,地理学深受历史学的影响,所以也关注这类问题,中国古人称为"大识"。

在经济地理学范畴中,从方志性的学问进步为理论性的学问,有一个理论概念不断发明积累的过程。一般认为是罗蒙诺索夫（М. В. Ломонóсов）首先提出"经济地理"这个名称,明确指出经济的地理特征。1826 年德国的杜能（J. H. von Thünen）提出农业区位论,1909 年韦伯（A. Weber）提出工业区位论,1933 年克里斯泰勒（Walter

---

[1] 约翰斯顿:《人文地理学词典》,第 173 页。

Christaller）提出中心地理论，① 地理学的经济分析渐渐有了自己的套路。② 随着社会发展，特别是进入工业社会之后，越来越多的大小概念被提出，经济地理学的势头日益强大。这些概念，成为思考经济地理问题的观察视角和提问方式，在历史经济地理研究中，对整理方志中的丰富资料也很有帮助。不过，研究古代问题，需要注意理论概念的适用性，尤其是对一些现代研究中提出的特质概念的使用而言。

中国古代经济地理主要是农牧业、手工业、商业的问题，比较重要的领域有农业地理学、手工业地理学、运输地理学、贸易地理等。就地理属性来说，农业生产的地理特征最显著，下手做地理研究十分合适。在我国，农史研究早已有之，但真正全面系统的历史农业地理研究却是20世纪80年代开始的，主要是史念海先生所倡导。历史农业地理研究，一个基础性工作，是要全面吸收现代自然地理学、植物学的知识，对农业"水土"环境与"庄稼"植物特性做新的全面的认识。经过二三十年的努力，农业历史

---

① 克里斯泰勒"研究了德国南部三级经济功能的空间安排。克里斯塔（泰）勒认为他的工作是冯·杜能的农业用地模式和阿尔弗雷德·韦伯的工业区位模式的补充"。（詹姆斯：《地理学思想史》，第476页。）
② 一种有意思的情况是，在《尚书·禹贡》中的"五服"概念中，包含圈层区位意识，讲到向中心贡献谷物时，从近到远，从全禾到穗粒的递减差别，这已有了成本的考虑。不过，在学术史中，"创见的声誉常常归功于为已经流传的新思想规定名词的人，而不常归功于创立新思想的人。为此，许多人的思想成果被他们之中的头脑较为清晰、表达力较强的人所占有了"。语出《大英百科全书》"卢梭"条，转引自詹姆斯：《地理学思想史》，第322页。

地理研究成果斐然。以韩茂莉的研究为例，历史农业地理关注的问题主要有：中国农业空间拓展进程、水利与主要农耕区的开发、农业生产技术的地域差异与农业环境利用、作物源流与作物组合等。① 此外，在地理学人地关系体系的理念下，农业地理还可以考察乡村的社会地理特征，涉及土地承载力、村落分布、乡村水利制度、乡村市场、农产品销售路径与范围等。

手工业与商品市场是社会的必要成分，在前资本主义时代，它们会保持较强的地域性，有较强的区域内循环体系。当然，在特殊的条件下，也有机会发展大地域远程贸易。"丝绸之路"是中外商人共同开发的跨国、跨大洲交易活动，具有国际性。它对不同国家（地区）的影响深度是不同的。中国的漕运体系，是另一种"中心地"模式，它的推动力不是市场，但影响市场的发展。资源流动是地理学特别关心的事情，但在解释层面一定要有对运行机制的考察。城镇也是特殊机制的产物，有自生形态与建置形态不同的缘起背景。中国南方城镇中自生形态的成分多于北方，王朝时代晚期的四大镇（朱仙镇、景德镇、汉口、佛山），有三个都在南方，北方城镇更多需要建置因素的支撑。建置因素推动的城镇，尤其是大型城市，往往与周边经济环境形成反差，最突出的例子是明清时期京师北京地区的城乡对比。

---

① 韩茂莉：《中国历史农业地理》。

中国自然地理环境的特殊性，中国社会历史的特殊性，带给古代经济地理以独特面貌，许多经济地理大事甚至成为中华文明的标志。例如辽阔的农牧业交错地带的存在、大运河体系的诞生与演变、黄土高原的乡村生态景观、以丝绸作为远程贸易标志的"丝绸之路"等。

工业化之后的人类社会，逐步转型为现代社会，经济地理学随之跟进，记录和处理这个时期的经济地理问题，需要一套全新的理念。经济体制的复杂性，必然造成经济地理学的复杂化，许多新的议题、新的概念，甚至专深到一般人很难明白，现在的经济地理学到了几近自立门户的状态。应该承认，这种状态的经济地理学，在历史经济地理研究中的应用性越来越小。这是经济地理学与其他地理学分支差别很大的地方。

不过，从传统社会经济形态向现代社会经济形态的转化问题，仍然是历史地理学需要研究的很有意义的领域。这属于近代历史地理研究。近代经济地理内容的构成与传统社会的状况不同，关键问题不再是农业，而是以新型工商业为主线，在中国，这一系统的大转向极大地改变了经济地理格局，尽管在许多方面，只是"半成品"。不过，毕竟是逐步进入现代社会，这类研究可以引入的现代经济地理理论会更多一些，生产过程的多地协调、商业规模的增长与空间范围的扩展以及效率的计算，都令历史地理研究遇到新问题。目前，中国近代经济地理的研究已经取得了成果，展示出中国近代经济地理的变迁过程、主要面貌和不同区域的特点，对诸如"通商口岸的出现与密集化""传统农业中滋生的商品性农业经营方式与作物种类""传统城市的转型和不同城市的两元并峙"等多项问题进行了考察。①

历史文化地理研究

历史文化地理研究在中国起步较晚，但在欧美，是个老议题。法国自白兰士（Paul Vidal de la Blache）时代就注重人的文化问题，给人类在环境中的自主性以较高的地位，所以并不接受"环境决定论"。在美国，索尔是一位文化地理学方面的重要人物，20世纪二三十年代开始，他引导的伯克利学派是影响很大的文化地理学派，而且明确提出文化景观研究是地理学的核心议题。索尔的学生泽林斯基写有一本《美国文化地理》②，是伯克利学派文化地理范式的代表作，他将美国的文化区划分为三个级别：国家、文化创始区、文化亚区。

中国自古以来幅员辽阔，文化区域性多样，古人早就注意到这个事情，司马迁的《史记·货殖列传》便有分区介绍文化风俗的内容，其他历史文献中这样的记载也不少。

---

① 吴松弟主编：《中国近代经济地理》（第一卷，绪论和全国概况），上海，华东师范大学出版社，2015年。
② W. Zelinsky: *The Cultural Geography of the United States*, Englewood Cliffs: Prentice-Hall, 1973.

不过在历史地理研究中,中国历史文化地理的研究起步却较晚。在中国近现代地理学界,文化问题虽有谈论,但地位并不高。西式近代地理学传入中国的时候,中国地理学家是有选择性地引入,由于救国心切,多选择富国强兵的门类,如资源地理、经济地理、国土疆域地理等。当时,推崇西方地理大师风气甚盛,向其学习的事做了很多,但对美国的索尔,则不大见正面的介绍,正说明当时的情况。不仅是文化地理学,就社会人文地理学的诸多门类来讲,除了经济、人口等项,很多也是踌躇不前。(在传统上,历史地理学受到史学的支撑,发展得较好,但涉及问题的门类仍有限。)一直到20世纪七八十年代,文化研究兴起,历史学、地理学均开始大力关注文化问题,这对历史地理研究中探索文化问题自然会有推动,对于这一步进展,可以说是从零散性研究转入了系统性研究。80年代初,地理学家陈正祥编写了一部《中国文化地理》[①],历史内容很多。

在文化地理的研究中,一般有这样一些基本问题:文化物的分布,文化人的分布,文化区的范围。不难看出,这些题目有很浓的方志学的特色,当然,起步往往是由此开始的。但研究很快进入动态考察,如文化区的形成、文化的传播等问题。美国地理学家梅尼在文化区的形成过程中界定了几个层次,有核心区、外围区、影响区。他的摩

---

① 陈正祥:《中国文化地理》,北京,生活·读书·新知三联书店,1983年。

门教文化区的研究是西方的经典之作。上述几项议题，是文化地理研究中很容易入手的，所以很流行。此后的文化地理学，如许多人文社会学术一样，从物向人转移，值得注意的更深入一些的问题有下面几项：对文化概念的新理解、文化主体出场、文化意象与感知。

另外，在理论上，过去认为文化是人类行为的一个门类，与经济、政治等行为并列。大约自20世纪70年代开始，在人文社会研究中出现了一股推进文化研究的强劲潮流，称为"文化转向"（cultural turn），其倡导的基本理念是，文化为人类各项行为的基础行为，或者说，文化行为贯穿在人类所有行为中，政治行为、经济行为等等均不能摆脱文化的影响，文化的影响不是辅助性的，而是核心性的，甚至是决定性的。在对人类各种行为的解释中，文化解释是必要的，忽略文化的解释，都是不完整的，甚至是违反人性的。因此，文化不再是文化人独自拥有的东西，它涉及每一个人，是信仰特色，是价值观，于人的各类行为中无所不在。

文化的概念也因此被调整。传统的做法是，将文化从人的行为中抽取出来，作为一个独立存在的社会系统，生活在这个社会中的人，都被这一系统所左右，或说被培育为这个文化的"产品"。文化系统覆盖在社会之上，犹如一套超越性的机制，所以称为super-orgainic，美国传统文化地理学派——伯克利学派，便立足于这样一个文化概念之上。

文化的超机制概念在70年代兴起的人本主义思潮中受到尖锐的批判，詹姆斯·邓肯是这一批判的旗手之一，他的《美国文化地理学中的超机制概念》一文有很大影响。[①]邓肯认为，文化不会脱离人而独立存在，文化只存在于人际关系之中，而人际关系是富于变化的。对文化进行考察，不能从抽象概念出发，而要在人际关系层面展开。在人的不同关系中呈现出来的文化，即使为同一范畴，也并不相同。在新的文化概念的影响下，文化地理学研究转入对实际情景的个案研究，而不是如泽林斯基的《美国文化地理学》那样做宏大的抽象归纳。这种基于新的文化概念并关注实际情景的个案研究，被称作"新文化地理学"（new cultural geography）。

在实际情景个案研究中，人是主体。文化主体的出场是所谓"新文化地理学"的重要特征之一。在这一类研究中，人不是批量群体（generic），而是具有个性的个体。这些个体对文化特征的形成、文化的阐释、文化的感知等均有决定性的责任。这类思潮下的典型对话是："请问美国人饮食文化的特点是什么？""我不知道美国人饮食文化的特点，只知道我喜欢吃什么东西。"新文化地理学是对人本主义思潮的顺应，在具体的文化地理研究中，贴近过程，而不是直赴结果，这是其可取的一面，而忽略群体共性的考察为其不足。

---

① J. Duncan: The Superorganic in American Cultural Geography, *AAAG*, 70, 1980, pp. 181 – 198.

在我国，在历史文化地理研究中，方志学的方法仍然流行，重视原始资料的梳理，这是基础性研究。对历史上出现过的各类文化区域的研究，例如方言区、风俗区、方士文化区、戏曲风格区、饮食风格区、房屋风格区，甚至"声音景观"区，等等，都是增进理解国土文化的重要工作。经过一个时期的发展，美国地理学家索尔逐渐受到重视，这是文化地理学发展的一项标志，他的景观演变主题也开始被讨论。中国历史悠久，文化过程丰富多彩，是历史文化地理研究的沃土。

人本主义思潮的兴起极大地推进了文化地理学的研究。文化地理学曾与历史地理学一起顶住了计量革命的冲击，并较早举起了人本主义的旗帜，成为20世纪70—90年代非常活跃的地理学研究领域，把人性的丰富性、开放性、选择创造能力做了充分的展现。

文化行为既有客观性也有主观性。对于客观性的研究，是历史文化地理学较容易和较自然的着手方式，历史在我们面前当然是客观的（不是绝对的）。然而，历史事务对于历史中的行为者，则具有主观的一面了，尤其是在对古代文化价值的解读中，还原古人的主观性是十分必要的。在文化地理理论中的文化意象、文化感知等主观范畴的议题，在历史文化地理研究中同样重要。中国古人大量的诗歌、绘画、散文中，包含大量文化感知、文化意象的东西。

在文化地理学的主观因素研究中，有两大概念被提出并百般论述，这就是"地方"与"景观"。这两个概念在新的思想背景下强调的是含义（meaning）和感知（perception），也有意象（image）。文化的东西最终需要含义的表达，而含义的产生是个复杂的过程。人们关注一个地方，不仅在意它的位置，也在意这个地方所提供的社会活动内容、文化内涵，重要的地方因而具有象征性。我们的地理知识中有很多重要的地方：深圳、大庆、延安、上海、呼和浩特、吐鲁番、黄山、少林寺、中关村等等，每个地方都携带着特定的社会内涵、文化象征性，它们集合在一起，构成我们实际感知的世界。这类感知世界，人和人不一样，每一个人有一部自己的地名字典，这是他实际的个人世界，是每个人选择的结果。在这里，地理世界有了存在主义的味道。另外，对于同一个地方，不同人的感知可能不同，于是，地方感知问题便离不开人，离不开一位主体，否则就变成独立存在的"超机制"事物了。文化地理的每一项结论，都是特定地点与人们的特定活动再加上人们的特定感知共同造成的，这个过程称作 the making of place，制造地方。

文化景观问题是索尔很早便提倡的研究议题，但现在的景观概念已经大大丰富了。其中一个较大的改变是在景观与人的关系方面。前文说过，在人文地理学或文化地理学中，景观被视为一类信息文本（landscape as text），与书面文本、口头文本并列，是人类获取知识信息的基本来源。因为是文本，便存在作者、语法符号、读者、误读等问题，这些问题都很活，讨论起来很热闹。尽管如此，景观乃是一个很严肃、很重要的人文地理，特别是文化地理的研究对象。对于文化地理来说，重要的是它的信息、价值的产生与阅读。

在王朝时代，中国人最自觉的地理归属是家乡，而家乡的名称实际上是行政区划的名称（大多在县一级），这是王朝地理网络深入社会、深入人心的反映。但更实际一些的，人们是生活在文化景观中，他们的家乡记忆，离不开景观记忆。景观记忆是他们的切身地理感受。农村中有些老人，一辈子没出过村子的地界，对于他们来说，头顶上虽然有州县，但州也好、县也好，只是概念，没什么实际关系，感受深的，其实是周遭的山水、田野和村屋，这是他的家乡世界。把家乡定义从行政区划调整为文化景观特征，是文化景观概念运用的一例，也是地理学文化转向的一例。

这个例子还说明了地方文化的差异性以及由此显现的丰富性，这是中国人文地理的一大特征。这种地方文化的多样性与政治的一统性互为表里，各自彰显自身的价值，并共同构成人文地理的嵌合结构。研究古代政治地理（核心是政区地理），与研究文化区域地理，两者相互补充、相互说明，便最接近大地人文的本来面貌。

对地方与文化景观的普遍重视是文化转向推动的一个具体动向，在人文地理学方面是前进一步的重要表现，将地理考察引入软结构、意象空间，从文化物转到文化感知，从文化区转到景观与地方。在人与地的认同关系中，认同媒介是文化记忆，而记忆属于历史。中国历史地理学应该研究华夏文化景观的长远记忆与对地方意义做长远追溯。另一方面，具有现实意义的是，地方与景观研究会推进古今合一。景观记忆是地方发展旅游业的基础，随着意义的阐述，地方成为旅游目标，旅游的目标不是简单的地点，而是"地方"。将古代的"地方"引入今天，具有传承意义，使其成为今人地理知识的一部分，地理记忆是知识的层累。古代的陶邑，曾为中原地区的商业中心，今定陶地区正从历史记忆中获取新的动力。

文化意象是文化研究中不可忽略的部分，其思想基础，是对文化行为的全面性认识，文化不是静止独立存在的事物，而是在人的行为过程中所显示的意义，而意义的获取，离不开感知与意象。所谓地理意象，指的是客观环境事物在人意识中的形象和价值判断，"它是一种精神图景，一种被感知到的真实，是联系环境与人之间的媒介"。[①] 在历史文化地理研究中，无论是文化地方、文化区域、文化景观，都会在不同程度上包含感知或意象的成分。张伟然在历史时期地理意象的研究中，发现"自汉以降，历代文人墨客一到江汉之间便吟咏起楚，江汉间人也一直以楚人而自居，从不以当时的政区设置为转移。由此可见，江汉之间存在着一个基于文化感知而存在的文化区"。[②] 这是一类历史文化感知，例子很多。文化感知具有时间的超越性，以至在

---

① 张伟然：《中古文学的地理意象》，北京，中华书局，2014年，第5页。
② 同上书，第7页。

今天，我们仍在使用一些极具历史深度的文化区的名称，这正是文明古国的地理特点。

历史区域地理研究

除了普通地理学原理研究，地理学的实际研究都是区域性的，学习地理学，需要将区域作为一个自觉性概念，探索其值得注意的学术个性。

一般说来，区域研究不应算地理学的分支，它是地理学的基本视角，贯穿在各种分支研究中。但是，有些区域类研究具有独特意义，所以也需要简略讨论一下。先从两个词谈起。一个是区域历史地理，一个是历史区域地理。前者是对今天确认的某个区域进行历史地理研究，这类研究很多，是历史地理学家很容易、很自然的选项，比如研究自己所在的地区。美国的梅尼教授，随着自己工作地点的变换，分别研究了大哥伦比亚平原、得克萨斯州、美国西南部的历史地理。我的同门师兄尹钧科、司徒尚纪都是他们所在地区的历史地理权威，一个是北京地区的，一个是广东地区的。这一类区域历史地理研究很必要，但有时为了强调区域特色，我们会把地理特色放在区域的名称上，比如黄土高原、长城地带、汉水流域等等。研究这样的区域历史地理，会围绕其特质展开叙事，中心主题是十分明确的。

如果把"北京地区历史地理"改为"明清京畿历史地理",历史主题一下跳出来,整个研究的叙事内容与结构也会不一样。这个不一样,便是转到了"历史区域地理"这个概念之下了。首先,历史区域地理是指历史时期的区域,这个区域可能在今天已经消失了,即使是形式还在,但内涵已经两样。鲁西奇在研究中感到,"历史地理研究中的区域划分,既有与地理学(尤其是人文地理学)中的区域划分共同的原则,也有其特殊性。其特殊性首先表现在历史性方面,这是由历史地理的研究对象所决定的。与一般地理学研究不同,历史地理研究必须考虑其研究对象在历史时期的区域状况,其区域的设定与划分,即必然以某一历史阶段的共同性和某种社会经济文化特征等特点为依据"。①

　　历史区域地理研究在选择研究对象时,往往会选择具有特别历史意义的区域,而不大选择一般性的地区。在严格意义上,地理学区域研究,不是对某个地区的一般的地理叙事,而是有其规范,有基本原则。英国历史地理学家贝克(A. Baker)认为:区域地理学,"从根本上讲,是它在确定每一'区域'的特性并划定其空间边界的双重研究中产生的。从理论上讲,前者要求了解与认识特定区域内全部范围的形态与功能,而后者,若不是假定有界地区特性的均匀性,就至少是假定其一系列特征的独特性与相互

---

① 鲁西奇:《区域历史地理研究:对象与方法——汉水流域的个案考察》,北京,社会科学文献出版社,2019年,第27页。

依存性"。① 这段话中的关键词是：区域内的均匀性、独特性、完整性，以及区域边界的明确性。地理学的所谓区域研究，就是对这些关键问题的论证。而如果只是甲、乙、丙的分类叙述，没有区域体系的整体构建，则还是传统的方志学。当然，可以将方志学看作区域地理学的初步，即基础工作。

区域内部的均匀性、独特性，不是指地理要素的单纯性，而是就区域内异质要素间关联体系的一致性与独特性而言。异质要素的关系构成真正的地理系统，其中包含人地关系的生态系统，这个地理系统或生态系统具有区域独特性，正是这个独特性，确定了"区域性"。现代区域地理学思想要求对区域进行具有主题性的综合叙述，主题性，也就是区域性。区域被界定为一个综合地理系统，在特定时代，这个综合系统会有特定的时代主题，历史区域地理研究，就是要在漫长的历史进程中，识别区域的不同时代的主题及其变化。例如做北京地区的历史地理研究，就需要指出其区域性从农业区变为军事区又变为京畿地区的演变过程。② 而所谓对区域的完整性认识，并不是指将各类地理要素不分主次，全部网罗（这也是不可能的），而是指在主题叙事中的完整性，即主题的完整性。与主题无关的

---

① 阿兰·R.H.贝克：《地理学与历史学——跨越楚河汉界》（阙维民译），北京，商务印书馆，2008年，第163页。
② 参见唐晓峰：《运河渠道与北京区域性的历史变迁》，载《北京社会科学》2022年第10期。

要素，可以省略。

另外，与其说历史区域是划定的，不如说是识别的，划定是识别后的成果，识别是真功夫，尤其在人文历史地理研究中。可是，大地上存在的醒目物理界限，比如山岭、河流等，不是在"划定"区域吗？天然障碍可能是区域界限，但并非每一条天然障碍都是具有意义的区域界限，到底是哪条山岭、哪条河流构成有意义的界线，还是要识别一番的。所谓"识别"，在学术上，就是论证。司马迁的"龙门碣石以北"，是识别出来的古代北方区域大界线，它与大山的走向并不一致。史念海先生对这条区域界线进行了论证，并指出它的变异性，这就又前进了一步。"胡焕庸线"也是识别出来的，它绝断高山大河而延伸。

还有一种特殊情况，是历史地理研究中经常遇到的。有些历史区域具有很重要的历史意义，即在历史发展中具有举足轻重的作用。只是由于时代淹远，不大可能做出精细的复原，但其历史地理地位却必须指出。它们有些是历史点名的区域，如北方的代地、燕国的督亢，有些是历史没有点名而是我们识别出来的，例如今南阳盆地、淮河上中游地区。"整个南阳盆地、淮河上中游地区又是西周至春秋时期楚国最先向外发展的主要目标，春秋战国时期，这两个地区一直是楚国北上争霸、经略东方、开拓江南的前进基地；战国晚期，淮河上中游地区又称为楚国政治、经济和文化的中心，可以说，这两个地区在楚国的兴起、发展和强大乃至衰落，楚文化的孕育、形成和传播各个方面的历史作用,绝不逊色于人们常说的'江、汉、沮、漳'之地。"① 考察并确认某些区域的地位、历史价值,是认识一个如诸侯国这样的大型政治实体的重要地理视角。

区域与周边的关系,同样是不可忽视的问题。在概念上,区域是相对于整体而言,每个区域都是相对的,我们使用"区域"这个词的时候,已经有局部的味道。这就需要说明区域在整体中的地位,即在更大的系统中的地位。自然地理区域是在大范围自然系统里面划出的个性地区,人文地理区域是在更大的人文系统里面划出的个性地区。区域的对外关系是重要的区域地理内容,否则它是一个孤立的区域,这不符合事实。一个区域的历史,包括与周边的关系史,在不同的关系中,区域的发展显示时代差异。

一般情况是,做部门历史地理研究容易着手,并容易获得对该部门地理问题的深刻认识,② 但区域研究是地理学的安家本事,不能轻视它的意义。区域研究犹如历史学的断代研究,是大题目,一旦把综合性、主题性考察清楚,解释明白,其地理学术含量非一般研究可比。从现代区域地理学的眼光看,这其实是一个高难度的综合性题目。由于这个高难度的存在,哈特向甚至认为区域地理学的理论与实践之间似乎是分离的。③ 他"论述了区域地理学的理

---

① 徐少华:《周代南土历史地理与文化》,上海,中西书局,2021 年,前言第 2 页。
② 贝克说得更坦率一些:"不必惊奇的是,许多地理学者选择了相对容易的系统地理学(即部门历史地理),并在其中寻求慰藉。"(《地理学与历史学——跨越楚河汉界》,第 165 页。)
③ 贝克:《地理学与历史学——跨越楚河汉界》,第 163 页。

论复杂性,例如揭示了一些困难,包括对所研究地区的地理尺度的选择,以及由对各个区域不是静态而是动态的、不是分离的而是联系的认识所引起的复杂性"。但他主张地理学家不应"逃避将区域知识有机结合到由最合适的判断所决定的地域分区中这一任务"。①

什么是"最合适的判断"?或可以这样理解:在做历史区域地理的实际研究中,可以选择区域主题研究,这个主题是全局性的判断,而不是个别的专题。例如研究隋唐时代的北京地区,其军事化的发展具有全局意义,可以作为区域主题研究,诸如永济渠的开凿,隋炀帝临朔宫的修建,唐太宗悯忠寺的修建,通州唐代墓志中平原长城的信息,安禄山的军事主宰,等等,都是与这个军事主题有关联的事件,可以进行多方面的综合考察。进行历史区域地理研究,不是观看一个区域,而是要看透一个区域,这种研究往往需要多年。"理解一个区域牵扯到比数据更有深度的某些事物:它意味着吸纳这一区域的文化、学习这一区域的语言、旅行于这一区域的偏僻小路、搜寻这一区域的档案、获得一位专家对这一区域的景观与经济的认识。它的时间成本昂贵,是一项需耗时多年的研究工作,无疑不适合于短期项目资助,也不适合于为了出版而快速出成果的紧迫任务。"②

地理学的区域研究包含学科最理想的目标。达比认为,

---

① 贝克:《地理学与历史学——跨越楚河汉界》,第163页。
② P. Haggett(哈吉特):The Geography's Art, 1990.转引自上书,第165页。

区域地理学才是我们研究的顶点。大卫·哈维（David Harrey）说：地理学研究的领域是由区域解析水平来确定的。① 从根本性的学术思想来看，老一代地理学家的看法并没有过时。

---

① 参见贝克：《地理学与历史学——跨越楚河汉界》，第165页。

第五章

几个要处理的关系

历史地理学是一个系统开放的学科，这是地理学以多种异质事物为研究对象的学科特点决定的。把历史地理学看成一个"严谨"，自我独立，只能"内卷"、不宜开放得太远的学科，可能有利于保持学科鲜明的形象，却不利于它的研究走向深入。所谓开放当然不是无序的，有些地理研究的确有散漫无主的情况，所研究的事情缺乏像样的地理要素或地理视角，这是学者个人的问题。而地理学主流的发展，乃是在所谓"守正创新"的路径上既严谨又灵活地探索前行。就历史地理学来说，要持续并日益深入地发展，需要处理好几样关系。以下试做讨论。

与历史学的关系

历史地理学与历史学的关系是天然的密切关系，在某种意义上，或者在某些内容上，是历史学的组成部分。即使是独立意义上的历史地理学，也是从历史学中脱胎而出。

在很多人的感觉中，历史地理学与历史学的密切程度甚至超过与一般的地理学分支的关系。正是由于有这样的感觉，历史地理学的学科属性总显得模糊，争论也很多，以至于不少作者都肯付出精力来讨论历史地理学与历史学的关系，英国历史地理学家贝克在2003年曾专门著书[①]，讨论这个问题。

在学术史上，有一个时期人们很在意、很强调历史地理学的地理学属性，这是现代新历史地理学起步的时候需要讲清楚的理论问题。因为在过去，基本没有将现代地理学的理论视野广泛转到历史时期的研究，所以强调历史地理学的地理学属性，有利于拓展对历史时期的地理问题研究的范围，改进原来的狭隘局面。事实证明，当能够自觉地运用现代地理学的理论，扩展丰富的问题意识之后，历史地理学研究的进展是十分巨大的。

不过，由于历史地理学的研究在所用资料上、在题目的时段上都具有历史性质，所以很难做到与历史学截然分开。此外，对历史地理学之所以有"姓地""姓史"难辨的情况，还有一个理论与实践的差异问题。在理论上，当然要强调问题属性与研究目标的纯粹性，但在实际研究中，所选择的议题往往未必那么纯粹，在考证分析过程中又必然出现如历史研究一样的引证推断，所以在这个时候来讨论它是历史学还是地理学，是给自己出难题，或者说"不

---

① 贝克：《地理学与历史学——跨越楚河汉界》。

是适宜的地方"。历史地理的实际研究往往是由问题意识引导的，在这个氛围中，不必争论，历史问题与地理问题是交融在一起的。

需要提倡的是，在理论视野、问题的最终目标上，要有敏锐的地理学眼光，这样才能展现历史地理学的独特价值。但另一方面，在实际研究中，要虚心地学习在历史学研究中积累的方法和相关的重要成果。首先是对材料的鉴别能力。历史资料的状况对于历史地理研究有很大的决定性，美国亨利·布朗的《美国历史地理》一书，尽管是第一部国家历史地理通论，但仍然因材料的局限性受到批评。我国历史文献汗牛充栋，精品杂类混为一谈，不识者往往出现很多文献错误。虽然历史文献学本不是严格的历史学，但因为历史学家十分倚重，掌握得又好，故往往被视为历史学的东西。缺乏历史文献知识最容易出现的问题是，以为只要在古书上记的都是历史证据，都可以拿来用。其实文献中的错简、误抄、窜入、讹传的问题很多。此外，古人语言的精确性远不如现代语言，在历史叙事中往往还有文学性的夸张想象，所以要作为可靠的证据来用，还需要一番甄别。这是中国历史地理学研究的特殊要求。辛德勇特别指出，在中国，谭其骧先生继承了以往历史地理文献研究的优秀遗产，他在这一方面工作的可靠性与带动性，为历史地理学在学术界地位的稳固起到了支柱作用。

除了历史资料问题，还有历史性解释的问题。一般熟悉自然科学的人，习惯于逻辑性解释，研究普通自然地理学可以这样，但研究历史地理学则不够，还需要做历史性解释，即加入具体的时间、地点与过程。用一个简单的例子做比喻：解释苹果落地，用逻辑解释只要讲引力就够了，而做历史解释，则要讲苹果为什么在这个时间、这个地点落地，还要讲苹果的具体重量，苹果成熟的程度，苹果"把儿"如何渐渐承受不住苹果的重量，等等。再如解释城市发展，逻辑性的解释只要讲人口聚集的指标、经济类型的多样、政治文化活动的构成等社会活动的复杂化即可，而做历史性解释则要讲人口聚集的过程、经济特点形成的原因、推动性政治事件、城市风格的具体表现等。这一类对人文问题的历史性解释自然会进入历史学，这个时候否定历史学就是否定了解释。

每一个历史地理事件，都有一个时代社会环境，对时代社会环境特点以及事件特殊运行发展机制的识别，都需要参考历史学研究的成果，这些东西不是资料，是史识。没有史识的历史地理研究不会得出中肯的结论。每个时代的历史都是具体的，包含重要的时代要素，例如新的行政格局（政治空间秩序）、新的边疆形态、新的资源开发、新的交通网络、新出现的技术等，这些都可以看作进入地理环境的新要素，它们进入地理环境，也进入地理问题。

在历史地理学中，相当重视地理问题的人类历史价值，这是学科特点。没有人类历史价值的地理问题当然可以研究，但一般不会受到重视，或者说，与人类历史发展没有关系的地理问题不受重视。这就将历史地理学与历史学结合在了一起。与人类历史发展没有什么关系的"纯粹"地理问题往往是自然地理问题，而纯粹的自然地理逻辑性问题大多在一般（当代）地理研究中都可以解决。只有一些长期自然现象的考察需要向古代延伸，如气候变化研究。一般来说，孤立地研究一桩纯粹的自然地理短期案例，可能具有方法论意义，但其结论的意义可能不大。从实际情况看，历史地理学研究成果的读者主要是历史研究者，而不是地理学家，这正反映了上面所谈的问题。从更被普遍接受的观点说，历史人文地理的问题本身就具有双重"国籍"，既姓"史"也姓"地"。"这样，地理学就关联到许多别的科学，因为每一事实，既可以成为地理学的对象，也可以成为相关联的系统科学的对象，以及历史的对象，这里指的历史，可以是地球史，也可以是人类历史或史前时代的历史。"[1] 如果赫特纳的这段话讲得有些早，那么，在对长期实践的观察与思考的基础上，贝克总结说：在历史地理学的研究中，地理学与历史学是"交融"的关系。[2]

需要邻近学科的支援

地理学因为是研究异质事物之间的关系，天生便具有跨学科性质，因为所谓学科，大多是以研究同质事物立身

---

[1] 赫特纳：《地理学——它的历史、性质和方法》，第5页。
[2] 贝克：《地理学与历史学——跨越楚河汉界》。

的。只要在异质事物之间做研究,势必会跨几个学科。地理学经典作家早就指出这个情况:"没有一种科学是孤立地发展起来的,而都是基于思想的普遍进步和别的科学的进步而发展的。但是,在地理学上,这种依附关系尤为显著,因为它的一切部分都必须依靠有关的系统的科学。"① 这种情况是地理学的一个固有特征,因为异质事物系统是一个开放系统,在异质系统中,单纯的逻辑性解释不足以解释异质关系,所以需要综合性解释。而综合性解释需要多学科合作。

地理学是从形态描述起家的学科,后来为了解释造成这些形态的原因,便开始动用其他相关学科的力量。地理学"是论述在地球空间各部分由相互联系的各种起因不同的事物"。② 为了解释地形,李希霍芬、戴维斯(W. M. Davis)借助了地质学。为了解释人如何受环境影响,拉采尔借助了人类学。而对大量国家地理、政治地理问题的解释,则要分析政治事件的复杂进程,这就十分像正宗的历史学。我们认为,在实际研究中,只要最终说明的是景观现象、地方意义、空间分布、区域分异,说明的是城镇变迁、农区盈缩,人口移动,等等,就是地理学研究。论证过程涉及其他学科是理所当然的。我们无法把一个现实问题切成单纯的学科零件。当我们把人文问题(比如移民问题)的深层政治社会原因与地理表征的联系建立起来,其

---

① 赫特纳:《地理学——它的历史、性质和方法》,第4页。
② 詹姆斯:《地理学思想史》,第162页。

实是做出了重要的学术贡献，而这一问题的最初设问，来自地理学，所以也是地理学的成就。把人文地理问题与社会政治建立联系，这不是"走题"，而是促成了学科向问题回归。葛剑雄等在关于中国古代移民的研究中，指出在地理特征上有"自北而南的生存型移民""从平原到山区、从内地到边疆的开发性移民""北方牧业民族或非华夏族的内徙与西迁""东南沿海地区对海外的移民"等。对于这些不同地理特征的移民，必须进行社会背景的各个方面的分析，才能真正揭示移民的不同动力（推力、拉力），才能真正做到"理解"，而不仅仅是"知道"。①

有一种说法，地理学需要根基学科的支持，这也是一种表达，就像地质学支持地貌学一样。李希霍芬、戴维斯等将地质学与地貌学联系起来，大大增加了对地貌理解的深度。历史学等社会学科，犹如地质学，是人文地理面貌的基础。人文社会"地貌"是结果，要追溯原因，就要进入各种方面的社会考察，进行过程分析。当初地质学家曾轻视单纯的地貌学，以为那是个研究地球的表面（肤浅）的学问。② 仅仅在方志学的层面研究社会人文地理，也会遭受类似"表面化"的歧视。人文社会科学中，每一个门类都提供对各种特定事务的深刻揭示，将它们总结出来的原理结合到地理现象的分析中来，以地理问题为总结果，

---

① 葛剑雄主编，葛剑雄、吴松弟、曹树基著：《中国移民史》。
② "十九世纪末叶在地质学者中间流传着这样一句双关语：'一个地理学者是一个研究地球表面的肤浅学者。'"詹姆斯：《地理学思想史》，第212页。

这是地理学研究走向深入的必由之路。

从另一方面说，地理问题遍布人文社会学科的各个领域，在许多学科的研究中常常会遇到它们，而且学者们也会很自然地进行不同程度的考察和解释。地理问题与各类人文社会问题契合的广泛性、深入性不可低估，这也是地理事务成为"问题"的根本原因。离开与人文社会发展的关系，人文地理问题便失去了生命线，变得苍白、空泛。

所以说，今天治地理之学，一定要在前面那个形容词上下功夫。比如学习经济地理学，就要在经济学上下功夫，学习文化地理学，就要在人类学上下功夫，学习历史地理学，当然就要在历史学上下功夫。现在，在实际研究中，已经没有"光头"地理学，没有前面不带形容词的地理学了。一百多年以前，现代地理学刚刚诞生的时候，那些大师们（洪堡、李特尔）都有全科地理学家的特点，现在地理学已经分化为不同的方向，要把一个方向上的地理问题搞透彻，就需要动员这个方向上的有关学科的知识力量。搞历史地理学的人，不必怕别人说："你是研究历史地理的，怎么搞起历史来了？"只要研究的头尾是地理提问、地理结论，中间论述跑到历史学里面，没有关系，这是正常的。

英国地理学家麦金德说："知识是统一的整体，它的分化成各个学科是对人类软弱的一种让步。"[①] 地理学家

---

① 麦金德：《历史的地理枢纽》，第41页。

必须做知识面前的强者。索尔也说："在丰富多彩的生命现实中，事实持续不断地抵抗着被禁锢在任何简单化的理论之中。"① 这是大地理学家们普遍的体会。在地理学研究中，一旦进入解释阶段，跨学科合作是必要的。这种合作不必是具体的人的合作，而是学科分析理论的实质性的借鉴。

实地考察的特殊性

地理学需要实地考察，这似乎没有什么问题，但在历史地理研究中，实地考察的意义究竟在哪里，还是需要讨论一下。一般看来，研究历史问题，资料主要在历史文献中，中国历史文献浩如烟海，在这里面寻取资料，足够研究一辈子的。另外，古代的地理面貌业已消失，今天的"田野"已经不足为凭。在这种意识下，田野考察可有可无，或顺便做做即可。也有人以为做田野考察时间成本太高，没有读书效率高。这有一定道理，在实际研究中，可以做个人选择。不过，把问题拿到历史地理学的整个台面上，却不能只做这样的认识。肯定田野考察的重要性，并不是要所有的研究一律进行田野考察，而是老话：具体问题具体对待。应该把研究的具体历史地理问题摆出来，再

---

① 索尔：《景观形态学》，载约翰·莱利编《大地与生命——卡尔·奥特温·索尔作品选集》。

来讨论田野考察的价值，提高针对性。

在我国的学术界，特别是做传统文史研究的人，很容易浸染传统学者文人的习性，把读书（尤其是古书）的能力看作最重要的。应该承认，熟读文献是研究的基础，也是段位很高的能力，但在做历史地理研究时，却只坐到了这个领域的半壁。我们说，不读历史文献，研究不成，但不做田野考察，会有重大损失。

在中国，近代地学在走向科学化的时候，野外考察一事，曾作为一大原则，受到极高度的重视。传统文人的习惯被视为科学地学发展的障碍。中国传统文人好书卷轻田野的劲头，也很早被李希霍芬察觉。[①] 爱读书，手不释卷，本是压不下去的学者品质。但是，在当年新地学的圈子里，如果只是手不释卷，却要挨训，像丁文江、翁文灏等都曾以相当严厉的态度对待鞋上没有泥土的地学门的学生。对于新地学家，特别是以研究地质学、自然地理学为主的学者，几乎是全力以赴地走向田野。因为，新地学所需要的基本的科学性资料，在老式书本上是极少的。他们必须在大地之上从头起步。

还有一种看法，以为古代的地理面貌在今天已经全然消失，既然已经看不到了，考察还有意义吗？这个看法也

---

① 李希霍芬在《中国》(Ferdinand von Richthofen. *China: Ergebnisse Eigener Reisen Und Darauf Gegründeter Studien*. Berlin: Dietrich Reimer, 1877－1912) 中谈到对中国传统文人的印象：他们的尊严只来自钻研书籍，而步行是低下的。丁文江、翁文灏曾引述李希霍芬的看法，以激励中国青年地质学家做出改进。

有一定道理，但从很多实际情况来看，古代地理面貌是否完全消失，消失到没有考察的价值了？这也不是绝对的。就人文地理整体性来说，古代世界已经消失，但大地上仍然留下各色各样的痕迹，就像古代器物的遗存对于考古学家一样，历史地理学家可以通过对这些痕迹的考察进行复原，这个复原当然达不到全面的再现，但可以达到对"问题"的认识，这便具有学术价值。学术问题不是事实的整体，而是认识的单元，学术研究就是达成对于一个个问题单元的认识。学者从事研究，不是拥抱事实的整体，而是选择一个个问题，对世界逐步进行解析。进行这样的历史地理研究，走进今天的田野，是会有收获的。

日本学者较早便总结了历史遗迹考察在历史地理研究中的作用。"历史地理学按照它所使用的资料，可以划分为遗迹历史地理学（relict geography）和文献历史地理学（philological geography）。遗迹历史地理学是以像化石一样失去了其机能却仍留存于地表的地理遗迹或从古至今虽不断改观却仍保持着其机能的地理遗迹作为研究资料。在1962年的历史地理学会大会上，举行了关于遗迹历史地理学的'考古地理学专题讨论会'，当时通过决议，将遗迹历史地理学定名为'考古地理学'（archaeological geography）。1963年的学会纪要即为'考古地理学'专刊。"[①]

从另一方面来说，当研究领域拓展开来之后，田野工

---

① 菊地利夫：《历史地理学的理论与方法》，第5页。

作的重要性也大大提升了。现代地理学的方法给了田野观察者更强的观察力。今人所观察与思考的地理系统的复杂性，超越古人的认识，因而超越古代文献所记。此外，很多古人了解到的经验性的东西并不入文献，而这些事情在历史地理中可能是关键的。田野考察本身不是量的问题，而是质的问题。在野外，不可能看到古代地理的整体，但可能发现关键性的局部遗存，这便是质的发现。在这种情形下，对某些问题而言，田野考察不是辅助性的，而是决定性的。决定性具有质的意义。

以侯仁之对北京地区长河的考察为例。北京的长河，从昆明湖东南角而出，向东南方径直延伸，达于紫竹院一带，与高粱河连通。这样，昆明湖水得以补入高粱河，进而流入北京城的大湖区（积水潭至中南海）。所以长河是北京地区水利系统中关键的一段。那么，这条河道是昆明湖水溢出后形成的天然水道吗？关于它的身世，文献中并没有明确的记载。经过实地考察，侯仁之判定它是一条人工水道。因为昆明湖水"断无向东南流以入北京城的可能。为什么呢？因为这一段河道所开凿的地带，其平均海拔高达 52 米以上，而昆明湖东堤的平均高度刚足海拔 50 米，其普通水位犹在此下 1 米"[①]。假使这一段的河道不开，那么昆明湖水势必全部流向东北。长河以及今玉泉山、昆明湖一带的水系"完全是过去八百年间历经人工改造的结果，

---

① 侯仁之：《北京海淀附近的地形、水道与聚落》，《北京城的生命印记》，第 129—150 页，引文见第 136 页。

其目的在于杜绝玉泉山水（按玉泉山水为昆明湖上源）下注东北的自然趋势，转以闸坝堤工挽而东南，以入北京城内。其设计之周详，操纵之自如，可以说是北京近郊以人力改造自然的一个杰作"①。

很显然，这是北京地区历史上一项"实际"的水利工程，对于这类文献中不见但实际中存在的事物，只有做实际性的田野考察才能完成认识。此处所说"实际的"就是所谓经验的，经验性的东西是中国社会中稳定存在并累积起来的历史成就，在科学技术史中具有重要地位。对经验性的成就只能通过经验性的办法获知，实地考察就是获知经验性地理成就的唯一途径。

在区域历史地理研究中，实地考察的意义还在于，可以进行文献记载与实地对应的普查。研究实践表明，在一个区域，历史痕迹不可能荡然无存，况且河流、道路、聚落均具有相当的稳定性，可为复原历史时期的地理系统提供基本线索。区域地理体系在历史文献中一般只是零散的记录，只有结合实地考察，对文献资料做必要的补充，才能进行系统性复原。单纯的文献研究适宜部门性人文地理研究，这样的题目中，事物类别比较单纯。康德曾归纳过两种问题类型：一种是相同事物的归类，另一种是相同时间地点的不同事物的汇集。部门地理研究属于第一种，区域地理研究属于第二种。有一些地理门类被古人重视，信

---

① 侯仁之：《北京海淀附近的地形、水道与聚落》，《北京城的生命印记》，第118页。

息记录较多,所以较容易做出归类性的通论研究。这类研究又称作纵向研究,例如历史人口地理、历史农业地理、历史交通地理等。

"同样重要的是,在他们的野外考察中,地理学者们会了和其他学科的学者们合作。"① 地理学者与地质学者、植物学者、人类学者等,都具有野外考察中合作的机会。对于历史地理学者来说,在走向田野的时候,他们与考古学者有着相近的使命,即在大地上寻找人类的历史痕迹。历史地理研究与考古学合作是必然的,也是自然的。考古学所提供的时代与地点的确定性是一般文献资料所达不到的,终于一门正式的学科被发展出来,即环境考古学。在这里,考古不是指学科,而是指方法,其研究成果属于环境科学即地理学。与历史考古学、文化考古学的角度不同,环境考古学是观察人与环境的关系,所发现的一部分是人类遗存,而另一部分是自然环境要素,这两部分遗存要素的共生关系,是理想的历史地理研究资料。考古学家田广金以及古环境学家在内蒙古凉城岱海一带的研究,便是这类研究的一个实例,他们发现了一套考古文化剖面以及一套在年代上与之对应的自然地层剖面,获得了人类遗存与自然环境要素共生关系的资料。②

即使不是专门的环境考古研究,在一般的考古遗址上,

---

① 詹姆斯:《地理学思想史》,第 360—361 页。
② 田广金、唐晓峰:《岱海地区距今 7000—2000 年间人地关系研究》,《中国历史地理论丛》2001 年第 3 期。

也存在历史地理学者工作的机会，在这种情况下，历史地理学的特殊观察角度往往为考古遗址贡献更多的信息。比如山西陶寺遗址，其日影观测台遗址背后的塔儿山，恰与该台对正，日光都是从塔儿山顶射向观影台的石柱之间，很可能这座山在当时人们的信仰中与日影有着某种关联性。如果观影台位置的设定与背后的塔儿山有直接关系，这就增加了古人环境观念内容的系统性。再如湖北盘龙城商代城址，在初期考古报告所附的示意地图上，城址前面是一面小湖。这片不大的湖水对于考古学家来说，并无异常之感，但在地理学家看来却有一个不小的疑问：难道古人是把城市建在了小湖的边上吗？这就违背了一般城市选址在通达性位置上的原则。如果带着这个疑问到现场，在更大的范围稍做观察，疑问便很快解除了——原来，这片小湖的另一方是一座高坝，高坝另一侧是一条大河。高坝是近代所筑，小湖乃是筑坝取土形成，古代并无此坝。那么，古城当初是直接面临大河的，这一关系完全符合城市地理规律。可见，对考古遗址区域做更大范围的历史地理考察，是很有意思、很有意义的事情。

考古学家在对遗址进行研究的时候，一般只关注古代的事情，但历史地理学家会多一份心思，关注古今差异。古今环境的对比，是获取研究议题的一个途径。不仅在考古遗址，在任何现场，历史地理学者都有这样的感受。在通过文献研读事先获得的对区域古代地理了解的基础上（或者在历史景观残存的区域），进入现场，便可取得古今对照的认识，这是历史地理田野考察的基本经验。古今对照，既是对今天地理的检验，也是对古代地理的检验。两种检验指向同一个过程，即古今之间的演变。它回答古代地理的后续变化，回答今天地理景观的来源。这类关于演变的研究，要关注其过程中产生影响作用的重要事件。

田野考察还有一种意义，即对文献记载的验证。使用历史文献时需要考证，这是基本性的工作。因为文献是一种文本，称文本是因为其本质是主观的产物，不是单纯的客观记录。另外，它是流传和累积的，不可避免地出现混杂和走样的情况。中国古代文献的这些问题一直是史学家十分小心的。西方古代文献也是同样。"由于古代一切从事商业的民族都喜好保守他们的商业经营秘密，得以流传到公众面前的（各地的）消息，只是传闻或经过歪曲了的。"[1] 荷马史诗被视为重要的古代地理文献，"但是，它们的来源也不可靠，因为它们最后的编成是在较晚的时代，也许在公元八世纪。许多地理见解可能是那时候塞进去的"[2]。

中国学者的历史文献考证功夫相当深，但仍可以通过田野考察的方法将这项工作的已有成果进一步提升。因为来到现场，有可能核对历史文献中所述地理面貌以及所发生的地理事件的准确性。简单说就是，从文献到现场——核对文献的准确性、可信性。这对于中国的历史地理研究

---

[1] 赫特纳：《地理学——它的历史、性质和方法》，第10页。
[2] 同上书，第11页。

更具有实际意义。侯仁之曾提议，以实地考察的方式对《水经注》做注释。史念海先生有过这样的经验：著名的宋夏永乐城之战，历来的有关记载都说在今陕西省米脂县西南的永乐村。但到现场一看，"出乎意料之外，这个村落却是在一条小山沟之中。山沟是这样的狭窄，竟然只有三户人家。……原来水泉在更远的沟中。就是这样狭窄而又缺水的山沟中，当时的永乐城究竟建在什么地方？从事战争的双方五十万人怎么能容纳得下？又怎能在这里进行殊死的战斗？显然可见，历来有关的文献都是讹误的。"① 谭其骧曾评价史念海"有目的的深入而细致的实地考察"，他说：自《河山集》第二集起，"全是用历史资料（包括文献与遗址遗物）与实地调查考察密切结合的研究成果。这就使中国历史地理学开辟了一个新的阶段，其意义之重大，可不言而喻"。②

前面强调过，在地理学研究中，要面对许多异质事物的关系，而这种关系常常是偶然建立起来的，不是可以凭逻辑推出来的，所以，到现场才有发现偶然性异质事物联系的事实，这类事实常常引发难得的研究议题。例如荒漠环境研究，荒漠中是否存在小草，可以凭降水材料进行推断，但荒漠中是否存在水井遗迹，是推断不出来的，这种异质事物构成的"问题"系统，只有在现场才可以建立。

---

① 史念海：《河山集》（二集），北京，生活·读书·新知三联书店，1981年，自序，第8页。
② 《谭其骧教授序》，载史念海：《河山集》（四集），第4页。

侯仁之先生对乌兰布和沙漠的这一"新奇"问题的探索，是田野考察的推动。

史念海先生在20世纪70年代曾对黄土高原地区及周边地区做过大量史地考察，收获颇丰。在他的经验中，还有一项值得注意："群众提供的线索对于考察工作都会有所裨益的。这一点我是很有体会的。也确实得到不少的有益的帮助。"① 当地群众口中有大量关于当地的历史地理信息，其珍贵性，可以作为口述史来认识。

阅读历史文献与田野考察，可以理解为两种语境下的工作。历史文献是传统用语，田野考察是现代用语，两种语境在与现代学术的对接上效率不同。新历史地理学研究当然归在现代语境之下，需要把历史文献中的传统语言，尤其是古代的概念，转化为现代学术用语，才能准确地理解和表述古代的问题。田野考察有利于完成这一转换。地理学的现代化包括语境的转换，现代地理学的语境是以田野为支撑的。说实话，即使不做野外考察的人，为了准确地理解并接受现代地理学话语体系，也必须要有野外知识，否则他不知道什么是洪冲积扇，什么是河流二级阶地，等等。古人并非没有野外知识，但其概念体系是非现代的，是粗略的。

对于田野考察工作，并非没有规范要求，在地学领域，田野考察犹如许多学科的实验室，实验室工作是有规划、

---

① 史念海：《河山集》（二集），自序，第18页。

有设计的。那么地学的田野考察也要有规划设计。最理想的办法是选择典型区域，对区域进行有计划的观察，尤其要带着问题进行条理性观察，寻求所设计问题的答案。这便是科学考察。在野外进行散漫的游历或为了猎奇探险，都不属于科学考察。当年李希霍芬之所以不赞赏其学生斯文赫定（Sven Hedin）的中亚考察，就是基于这样的标准。现在这样的差异仍然存在，我见过一件事，富裕的老板想约考古学者一同去墨西哥，却被考古学家拒绝，考古学家强调："我要做的是严肃的学术考察。"

科学考察需要配合仪器的使用，这是当年洪堡之所以成功的重要原因。近年，地理学包括历史地理学的田野考察技术手段不断创新，获得资料的方式越来越精密，这个领域的重要性与价值不断被认识、开发，问题意识也越来越丰富、多元。在考古学研究机构中测试野外资料的专门实验室已经建立，由历史地理学者创办了专门推进田野工作的刊物《人文田野》（兰勇主编）已经问世多年。田野中丰富的历史环境信息的采集与分析、利用正不断向新的领域突破。

古地图、历史地图与读史地图

与历史地理学和地理学史有关系的地图，包括古地图、历史地图、读史地图这三大类。古地图就是古人画的地图；

历史地图是今人绘制的表现历史上某个时期地理面貌的地图；读史地图也是今人绘制的，是为阅读历史著作而附加的示意性地图，表现的也是古代的地理现象，但常常以具体的历史事件为主要内容。

古地图的属性很明确，对于今人来说，它们是历史资料，或曰是与文字资料不同的另一类历史地理文献。侯仁之先生称地图为地理学的第二语言。作为历史资料，地图的性质是独特的。一般说来，文字材料当然是历史资料中第一位的，但地图资料在空间上的直观性、明晰性，却是文字表达不了或表达不清的（例如城市空间格局），甚至一些主题也是文字材料中不大见到的。地图是一种特殊的地理叙事方式，它借助图形与色彩，借助比例关系，对应人脑的抽象方位识别能力，用非语言符号与语言符号相结合的方式，将大地上的事物做平面、多方位的共时性叙述。这是续时性语言叙述所完不成的。所以，在历史地理研究中，古地图资料的作用是不可替代的。

对于同一个区域，地图编绘的内容选择与文字撰写时的内容选择有所不同，或说在详略程度上有所不同，这些正是地图资料具有特别价值的地方。一些在文字记载中漏掉的东西，很可能在古地图上保留下来，特别是对历史地理研究来说。例如，在北京城区古河道变迁的研究中，正是古地图资料解决了大明濠（今赵登禹路前身）的疑团，这原是一个长期未结的疑案，以致出现错误的推断，后来因在英国发现了一幅《首善全图》，上面赫然标出了大明濠上源的位置，才最终弄清楚了大明濠的来龙去脉。① 对于历史城市研究，古代城市图的作用是极为突出的。仍以北京研究为例，正是一批清代北京城图，提供了宫室、河道、街区、胡同、堆拨房、栅栏等多层次的建筑、街道、设施信息，"这些地图提供了不同历史时期的空间信息，这些形象的第一手材料对于研究北京城市历史地理、北京城市史、都市人类学、北京城市规划和城市管理都既有参考价值"。②

对于地图，怎样正确地认识图中的信息，越来越成为一项复杂的学术问题，可称为地图解读。地图解读这件事，在西方地理学界有一个专用名词，英文作 map reading，收进了人文地理学词典，它其实就是指对地图的阅读、分析和理解问题。如此郑重其事地对待地图解读，是因为地图已经被看作一个复杂系统，需要吸收传播学等相关理论，关注一系列问题，诸如信息源、编码、传输者、噪声（干扰）、接收者、解码等，而不只是"一眼看到"的事情。③当然，解读古地图需要多一些的特别方法。古地图既为历史地理研究提供珍贵信息，其本身也是研究的对象。现在

---

① 侯仁之：《记英国国家图书馆所藏清雍正北京城图——补正〈北京历史地图集〉明清北京城图》，载《历史地理》第9辑，1990年。李孝聪：《记英国伦敦所见四幅清代绘本北京城市地图》，载北京大学中国传统文化研究中心《国学研究》第二卷，北京，北京大学出版社，1994年，第449—481页。
② 李孝聪：《记英国伦敦所见四幅清代绘本北京城市地图》，《国学研究》第二卷，第467页。
③ "地图学的传统观点一直流行到20世纪50年代后期，……先是测量者量测土地，然后制图者收集测量结果并加以处理，形成一眼就能看到地球上的各种美妙的地物类型。"（约翰斯顿：《人文地理学词典》，第53页。）

大家已经意识到,地理要素选择、符号运用、表现方式、时代背景(断代)、思想文化内涵等都是古地图研究的内容。

由于地图的重要性、复杂性,地图发展的历史,也成为历史地理学要关注的议题。"地图学史于20世纪70年代初期开始了具有现代的、更强学术性的形式的发展阶段。"① 1976年,国际地图学会成立了地图学史专业委员会,这对古地图研究是一个极大的推动。80年代,多卷本、多作者、综合性的涵盖世界多国多地区的《地图学史》出版。此书已由中国社会科学院历史研究所组织,译成中文。② 近现代中国学者的系统性地图史研究,一般举王庸在1938年出版的《中国地理学史》中的舆图部分为早期标志。近几十年来,地图史的研究十分兴盛,书籍文章频频问世,成就可观。汪前进总结归纳,提出古地图研究的多

---

① 约翰斯顿:《人文地理学词典》,第58页。
② J.B.哈利,戴维·伍德沃德主编:《地图学史(第一卷):史前、古代、中世纪欧洲和地中海的地图学史》(成一农、包甦、孙靖国译),北京,中国社会科学出版社,2022年。
J.B.哈利,戴维·伍德沃德主编:《地图学史(第二卷第一分册):伊斯兰与南亚传统社会的地图学史》(包甦译),北京,中国社会科学出版社,2022年。
J.B.哈利,戴维·伍德沃德主编:《地图学史(第二卷第二分册):东亚与东南亚传统社会的地图学史》(黄义军译),北京,中国社会科学出版社,2022年。
戴维·伍德沃德,G. 马尔科姆·刘易斯主编:《地图学史(第二卷第三分册):非洲、美洲、北极圈、澳大利亚与太平洋传统社会的地图学史》(刘凤译),北京,中国社会科学出版社,2022年。
戴维·伍德沃德主编:地图学史(第三卷第一分册):欧洲文艺复兴时期的地图学史(上、下)》(成一农译),北京,中国社会科学出版社,2021年。
戴维·伍德沃德主编:《地图学史(第三卷第二分册):欧洲文艺复兴时期的地图学史(上下)》(孙靖国译),北京,中国社会科学出版社,2021年。

维面相：地图技术史、地图艺术史、地图地理要素史、专题地图史、区域地图史、地图地名史、地图社会史、地图文化史、地图史学史、应用地图史学。①

古地图研究的一项基础性工作是对古地图资料的查访、搜集、编目。在欧洲，很多古地图保存在私人手中，以及教会、皇室、贵族家庭的图书馆、保管室、财产管理机构和法律顾问的交易室中。1977年，一份称作《地图收集者》的刊物开始发行，1980年国际地图收集者协会建立。尽管私人收集地图的性质与学术研究不同，但在推动古地图从被遗忘的角落返回大众视野，还是具有积极意义的。近年随着电子技术的发达，一些大的图书馆将所藏地图扫描上网，向大众公开，这推动了古地图研究者、爱好者群体的壮大。

现存中国古地图，数量不可胜计，"我国古地图珍品保存到现在的，历时之久，数量之多，实居世界首位"②。这些地图主要藏于国内外各种图书馆、博物馆中，由于各种原因，长期未能面世。20世纪90年代，曹婉如等编辑出版《中国古代地图集》三册，③将国内所藏以及考古发现的珍贵古地图汇集出版，嘉惠学林。其后，李孝聪远赴欧洲寻访中国古地图，打破国际藩篱，将古地图搜集研究推

---

① 汪前进：《说说古旧地图与地图史学》，载《中国社会科学报》，2021年9月13日，第2250期。
② 侯仁之：《中华古地图珍本选集》序，载氏著：《唯有书香留岁痕》，第322—324页，引文见第322页。
③ 曹婉如等主编：《中国古代地图集》（三册），北京，文物出版社，1990/1995/1997年。

向新一阶段。① 此后，到国内外图书馆、博物馆求访古地图者逐渐增多，已有多种古地图汇编问世。

下面简单谈一下历史地图与读史地图的问题。这两类地图，都是今人对历史时期的地理面貌或地理问题的复原。宽泛地说，它们都是历史地图，但做细致分辨，仍可看出差异。② 简单讲，在历史地图上我们看到的是地理面貌，而在读史地图上我们看到的是历史事件。这些差异是有学术意义的，从总的属性来说，历史地图属于历史地理学的成果，而读史地图属于地理历史研究的成果。这又回到地理与历史的关系上来了，再一次表现出二者既有分别又有联系的特点。

读史地图大量出现在历史著作中，以表现一些历史事件的空间过程，如战争攻防形势、运动战的路线、移民的方向与路径、某种物品的传播路线、下大洋的海上航线等等。这样的地图一般比较简明，与历史事件无关的内容一般会省略，地图是以历史事件为中心设计的，一般不需要古今对照。

而历史地图，主要表现常态的地理面貌，如区域划分、地理要素分布等，图中不附加具体的历史事件，而且好的历史地图都应该是古今对照的。历史地图并不是只是现代才有的，古代也有，如宋代税安礼的《历代地理指掌图》

---

① 李孝聪：《欧洲收藏部分中文古地图叙录》，北京，国际文化出版公司，1996年。
② 侯仁之先生多次谈到二者的区别。

等，就属于当时编绘的历史地图，而且是多幅，汇编成集。历史地图并非没有阅读历史著作的辅助价值，它表现的基本地理形势、时代地理大背景、主要地名位置等，都是弄懂历史事件所需要的。读者或应用者可以在这类历史地理底图上做自己个人的再加工，在脑中，或纸上绘制自己感兴趣的理解特定历史事件的示意图，这样，历史地图就成为读史地图。《中国史稿地图集》的编辑，[①] 兼采二者，既有表现基本形势的标准历史地图（如《西汉时期形势》等），也有表现历史事件空间过程的读史地图（如《楚汉战争》《西晋末年荆湘江扬地区流民起义》等），从各方面方便读者。这里我们又看到，地图是可以被读者再加工的特别文本，这又是一个与文字文本的巨大差异。地图是一份研究成果，但也是多项研究的工具。

随着当代电脑技术的发展，数字化的历史地图应运而生，借助电脑的强大功能，大大提升了其存储、检索、展示、再加工的功能，甚至可以将不同的图面做叠置展现，极大地推进了历史地图在研究与成果表达上的作用。在中国历史地图的数字化工作中，哈佛大学与复旦大学联手启动的"中国历史地理信息系统"（CHGIS）计划影响较大，在国际范围具有带动性。电子技术打开了一个大数据时代，大数据对于历史地理研究有何作用，正在探索之中。

---

① 郭沫若主编：《中国史稿地图集》（上下册），北京，中国地图出版社，1979、1990年。

附　录　历史地理离每个人并不远[*]

1. 您曾表示，很多历史事件，只有把地理加上了才完整明白，历史地理学不是不可以看成历史和地理的相加，关键看怎么"加"。那么历史地理学与历史学、地理学之间是怎样一种关系？

学科是学科，事实是事实，这是两个范畴的东西。学术界划分学科，是一种权宜办法，当然也有助于分析和认识事情的多维性质。我们都知道，一个学科只是关注事情的一个侧面。所以历史是一个侧面，地理也是一个侧面，两个学科相加，就是两个侧面相加。他们原本就是合在一件事情上的，合起来当然有助于从整体上认识事物。简单说，历史加地理，就是把一件事情的这两个侧面合起来。所谓加得不好，就是把这件事情的历史侧面合到另一件事情的地理上去了。

当然，地理学家要有特殊的责任、特殊的能力，要明了地理侧面的价值、地理侧面的复杂性。专业的地理学家

---

[*]《文汇学人》专访，2018年2月23日。

就是要深入观察并思考地理侧面的这些复杂性，这有助于对事情的理解。如果对地理侧面的复杂性想得很浅，就没有太大价值，也就没有设立这个专业的必要性。地理意识，每个人都有，要是没有超过常识性的地理意识，就不是一个好的历史地理学家。

即使在地理学内部，还可以分出不同的侧面，比如经济地理、政治地理、文化地理等等。我在美国雪城大学地理系念书时，老师们就强调不能只顾一个侧面，他们要求每个研究生必须钻研至少两个地理学的侧面。我当时除了历史地理学，还选了文化地理学。在资格考试时，两个方向都要考。另外，到美国大学的东亚系找工作，也不允许你只教一个国家的历史。当年雪城大学的同学王晴佳，为了这个，赶快补了日本史，才找到教职。

总而言之，不管做什么学问，你掌握的侧面越多，就越接近事实。但这是一件不容易把握好的事情，所谓专与博的关系，这是个老话题，不必多说了。

2. 如果说历史地理学研究的是"过去"，那与之对应的现代地理学研究的就是"现在"？那是不是意味着，历史地理学不触及当下，现代地理学也不过问过去？

是有这个情况，历史地理学不大注意当下，现代地理学也不过问过去。但这是一般性的状况。而一位深刻的人文地理学家，应该打通古今。古对于今的意义，说得较多，所谓"温故知新"。其实，今对古也是有意义的。这就是马克思说过的,"人体解剖是猴体解剖的一把钥匙",换句话说,就是认识后面的东西,有助于解释前面的东西。例如对于甲骨文、商史的研究,许多都是用后面的事情(周代的),去破解商代刚刚露头的东西。还有考古学研究,也常常这样。例如发现新石器时代遗址中有埋下的牛骨,就可以根据后世的祭祀活动,去确认那是一个祭祀坑或祭祀遗址。

当然,逆向考察历史也要注意,否则容易以成败论英雄,或者忽略历史的曲折性,还有,也容易用今天的价值观去选择历史主题,这也是会出问题的。例如研究地理学史,就要避免所谓"辉格史"的现象。还有,也要注意,现在用后面的概念表述前面的事情,越说越多,越说越远,我有点担心出现"伪古史"的问题。

具体到历史地理学方面,尽管很多人不太关心今天的地理问题,但有一项是每个历史地理研究者都必须关注的,那就是今天的地名。所有古代的地理事件都需要复原到今天的地理位置上。《中国历史地图集》因此要古今对照。地名的古今关系甚至是历史地理学的基本功。

除了地名以外,其实还有不少古今之间的关联问题。比如水系,我国平原地区的水系在历史上变化复杂,今天的水系状况可当作一个标准坐标,研究古代水系要说明白与今天水系的关系,而这种对照中还包含对变化的解释,这就更重要了。从某种意义上说,在历史地理这里,古今的关系是斩不断的。

3. 历史地理学的研究方法有哪些？地图在历史地理学中的重要性如何？从古到今，地图经历了一个精准化、科学化的过程，功能窄化，您觉得这对历史地理学有什么影响？

历史地理学基本的研究方法就是文献研究与实地考察研究，两种方法是相互参照的。不过，只是这样讲大道理，用处不大。关键是要明白，当面对具体问题的时候，二者的轻重会有变化，要具体问题，具体对待。该以文献为主的，就要好好看书；需要实地考察的，就积极出门。或者反过来——喜欢看书的，选文献题目；喜欢跑野外的，选实地工作题目。都不错。另外，无论是文献研究还是实地考察，又都有新方法、新技术出现，尤其是实地考察，新技术更重要。当年的地质学、生物学、气候学水平直接影响自然地理考察的水平。现在的遥感技术以及其他检测技术，都可能打开一片新天地。

利用历史文献做研究，是研究中国各类历史问题都要具备的能力。有时候，由于强调历史地理学属于地理学，就有意无意间忽略了在历史文献上下功夫，这是一种损失。中国历史文献是很复杂的，并不是写了的就是材料，就是事实，就可以拿来用。即使不做历史研究，最好也保持对历史研究的阅读兴趣，好的史学论著，对研究历史地理问题，在基本处理史料方法、眼光、时代把握等方面都有帮助，加强这方面的造诣，没错。

地图是地理学研究工作的基本工具（地图本身也是一

类研究成果)。古代地图上的信息是珍贵的,虽然科学性差一些。使用古地图,用不着批评它如何如何不准,而是要善于在里面找出有价值的信息。每一幅地图都有主题,在主题表达上,按照作者自己的标准,都是达标的,达标就是一种准确。所以看古地图,首先要把握主题。不是准不准的问题,是满不满意的问题。准不准主要是测绘学家关心的事情。在经验范畴内,衡量地图的准确性,应该以一种应用标准,而不是绝对标准,达到指示目的,就是准确。在生活中,最粗略也是最"短命"的地图是人们用手在空气中比划的地图。但即使是这样的"地图",也可以达到指路的目的,在这个意义上,也可以说是准确的。

谭其骧先生主编的《中国历史地图集》完成了许久以来关于编纂古今对照地图的愿望,是一个划时代的巨大成果。地图集主要表现的是全国历代行政区划的布局(也有山脉河流),也是一套具有科学性的基本底图,可以在它的基础上展开各类历史地理问题的研究。任何研究中国历史地理的人都离不开它。侯仁之先生主编的《北京历史地图集》是一份区域历史地图集。区域综合研究,是现代地理学提倡的一种研究范式。在区域地理研究中,要将各类地理要素做综合考察,从而揭示区域综合地理体系的特点。北京是一个区域,在历史发展中,北京城的出现与壮大,是这个区域中引领性的地理事件,各类地理要素都在这个引领事件的发展中产生影响或发生变异。《北京历史地图集》力图展现这个全区域地理系统的历史变迁。当然,限于材料的局限，有些方面表述详备（例如水系、聚落、道路、城区），有些方面表述简略（例如植被、郊区、山区）。这套历史地图集是侯仁之先生学术思想的一项实践，具有示范意义。加拿大的哈里斯（R. C. Harris）主编过一套《加拿大历史地图集》，也是综合性的地图集，被评为20世纪西方最重要的历史地理学成果之一。

现在，有些专题历史地图集正在研编，比如《中华人民共和国国家历史地图集》，这是历史地图的进一步发展，是学界越来越重视的一个工作。GIS技术与历史地图研编的结合，也是一项重要创新，在这个方向上，会有越来越成熟的成果推出。

4. 在中国地理学近代化的过程中，您认为有些传统的东西被置换了，也就是在引进西方地理学的过程中，被否定掉了。现在回过头来看，我们传统的地理学有没有优势或者独特的地方？

被置换的不是传统地理，而是传统地理学，是那个研究套路、解释系统被置换了。中国大地不可能被置换，历史中关于大地上各类地理信息的记载也没有被置换，相反，它们都是非常珍贵的研究材料。西方现代地理学是在科学方法与人文精神的双引擎推动下发展起来的。科学方法对于我们曾经是陌生的，利玛窦讲的地球的真实面貌、中国在世界上的位置等等，曾震动中国人的古老灵魂。中国传统的解释自然界的那一套，基本上被西方的现代地理学置换了。

但人文的东西就不是那么简单了。虽然西方现代理论对于解释社会人文问题颇有其长处，但人文论证中包含文化论证，就这一部分来说，中国古人的一部分人文地理论证在今天依然有效。眼下是春节，千军万马的返乡大军在西方人文地理现象中是没有的，这是中国的人文空间行为结构决定的。家乡的价值、家乡（一个地方）与春节（一个节日）的关系是文化大道理，而恶劣天气、交通状况、人的身心负荷、摩托车的拖载能力在此刻都是小道理。公路上壮观的返乡场面，显示了大道理的力量。

在地理研究这个方面，传统文化留给我们一项优势，那就是文字记录下来的材料极其丰富（有意的记录的或无意记录的），在时间上，又延续数千年，这个在外国很少有。在这些材料上形成的一些议题，是中国独特的。另外，一些传统地理学的解释原理（风水）、价值取向（山水审美），在今天都已经转化成独特的地理文化，它们是中华传统文化的组成部分，甚至是重要的组成部分（比如山水审美文化）。在今天，其文化意义还是很大的。我们今天的规划建设，有很多项目还需要它们。

5. 当前国际历史地理学的发展如何？在西方掌控全世界地理学的一个主要范式的情况下，中国历史地理学今后的前途和方向在哪里？

我对最近外国的历史地理学的情况了解不多，但总的感觉是各国的学者都在研究各自的具体问题。研究自己的国家（地区）是历史地理学的一大特点。过去，英国著名历史地理学家达比基本上是研究英国问题，美国的索尔也是研究美洲的问题，加拿大的哈里斯主编过《加拿大历史地图集》，美国的梅尼教授，就研究美国。梅尼在美国换过几个地方，在每一个地方都是研究当地的问题，换一个地方就换一个题目。外国学者中专门研究中国历史地理问题的很少。相比之下，日本学者研究中国历史地理问题的较多些。

就整个地理学来说，现代地理学的研究范式是在西方诞生的，没错。但是地理学本是一个具有区域独特性的学科，这主要是指主题特点，由于主题特点不同，又会发展出不同的研究特点。即使在西方，英国、德国、法国，还有新大陆的美国，地理学的特点都不同。这种情况早就表现出来了。法国充满人文精神，英国全球视野强（特别在殖民主义时代），德国重思想理论（康德一人身兼哲学家与地理学家，讲了多年地理课。美国早期地理学家喜欢到德国去取经），美国重文化。中国当下的地理学重环境、经济。总之，地理学的发展背景是文化传统与国情。历史地理学的发展是一个多元的局面。

在中国，一个有意思的情况是，地理学界不重视历史地理学，但整个学术界（尤其是史学界）是非常重视的。中国其实是世界上最重视历史地理学的国家。我国的历史地理学研究机构的规模，无人可比。由于我国地理学界长期不重视社会、文化、人文的问题，而历史地理学揭示的许多问题都在这个范畴里，所以得不到地理学界主流的重视。这倒没关系，历史地理学的研究成果，在整个学术界的影响范围，超过不少地理学的其他分支，其学科价值并没有被埋没。

补充：最近复旦的《中国行政区划通史》刚刚出全，《中华大典·交通运输典》也出版了，还有哪些类似的、非常基础的工作等着我们去做？中国历史地理学还有哪些值得花力气做的方向？

我们目前的历史地理学研究，最受关注的是以地理事件的门类为主线做纵向系统研究，在气候、政区、人口、农业方面的纵向研究相对比较成熟。这类研究在地理学中称作部门地理学。区域历史地理学的研究成果也很多，但受关注度不如部门研究，因为区域研究只涉及一个地方，其他地方的人不一定感兴趣，而那些部门研究，既覆盖全国，又纵贯历史，关心的人当然多。这些研究也具有基础研究的性质。有学者提出做断代历史地理研究，这也是一个重要选题。过去强调达比的"系列剖面"的方法，侧重变迁研究，而做一个时代的综合地理研究也是地理学的一个学科的特点，地理老师不是总说"我们是做综合的"嘛。

其实，个案研究总是学术工作的基石，这类历史地理学的研究很多，主要是论文的形式。有些热门问题，在学术史上反复被关注。现在历史地理学者们的问题意识越来越好，刊物上的内容越来越丰富。当然，良莠不齐，这是正常的。如何提高个案研究的水平，有一点，就是要有跨学科的能力，即前面说过的，从以学科为中心转变为以问题为中心，为了深入剖析问题，该借助什么学科，就去启用什么学科，不怕"串行"。就像研究经济地理问题，必须借助最好的经济学来加强分析力度，否则地理特征叙述完了，经济的深度却没出来。

我个人比较关注地理学思想史的问题，这是理解一门学术的必要途径。研究地理学思想，不是只看地理学家自己的东西，还应该在大背景下来理解地理思想，地理思想是整个社会意识形态的一部分，不能割裂。最近，格拉肯的《罗德岛海岸的痕迹》被翻译出版了，这本书很值得阅读，格拉肯要尽可能展现历史上欧洲人环境意识形态的全景。多年前在雪城大学时，有个美国同学跟我说，只有真正的学者才会读这本书。我想，写都写了，还怕读吗？今天这本书全文被翻译成中文，本身就是一个成就。

6. 作为学考古出身的学者，您怎么看待考古学在历史地理学中的作用和价值？有人说，城市考古的目标就是为了还原城市面貌，但在还原城市面貌的过程中，实际发挥基础作用的仍然是历史资料和图像，考古的作用非常有限。您怎么看？

考古学与历史地理学的关系很密切，只有这两门学科的学者最关心大地上的人类遗迹，他们可以肩并肩地做野外考察，许多遗迹信息对两门学科都有用。当然最终思考的方向不同，结论不同。现在这两门学科的合作越来越多，甚至生出了自立门户的"后代"，比如环境考古学。

有些历史地理问题的研究对考古学的依赖大一些，比如古代城市研究。首先是城市位置，城址遗存的发现是决定性的，比如西周北燕的分封，其都城所在，就是由考古发现一锤子定音：北京房山琉璃河。遗址没有发现之前，曾有各种猜测，都落实不了。城市历史研究，方面很多，有些问题只有书里讲，像城市各个部分的名称、历史事件与城市的关系等等；另有些问题却只能到现场看，像城市各个部分的规模与方位，即所谓硬件部分的状况等。城市历史地理研究关注的，还包括城市周围的环境要素，尤其是一些产生直接影响的地理要素，像地貌、水系、交通等，这也需要到现场看。徐苹芳先生投入很大精力做北京城市考古，有不少重要成果。

所以没有必要说哪门学科最重要，没有前提地讲这类话，都是无意义的。谁重要谁不重要，是问题决定的。研究明清北京城，考古不重要。研究上海，考古更不重要。但是研究殷墟呢？我们最好多讲学科合作，不讲学科分家。

7. 中国古代城市地理有没有一套完整的体系？在现今城市建设普遍强调保留历史记忆、保护历史遗存的背景下，我们怎么对待传统经验和特色？

历史地理学一般研究城市的两类体系：一个是环境体

系，另一个是规划建设体系。环境体系是因地而异，没有一套完整通用的体系。古代城市规划建设倒是有较一致的体系特点，那主要是指都城建设。如果把《考工记》中讲的那段话做一个抽象的归纳，可以作为都城规划体系的要点，即方正外形、正相交的街道格局（英文称 grid）、中轴对称、朝宫居正位。

今天的城市建设不可能再遵循《考工记》的原则，但在一些文化特征上，可以保留传统风格，这也包括社区格局。北京的胡同社区、院落形态都有保留价值。街道景观也可以采用传统要素，如牌楼、灯饰等。

城市还有一个体系，即城市群构成的体系。古代城市那么多，不会是一盘散沙，但是体系的问题又不是凭外观就可以说定的，需要用社会科学的各种判断方法去揭示体系中的机制。外观可以类似，但性质可能完全不同。比如，运河两岸的城市，因为运河具有社会体制特征，其沿岸的城市可以成为体系。但是天然河流两岸的城市就未必，因为天然河流不一定具有社会体制功能。所以，城市体系存在与否是需要论证的。目前的历史城市地理研究，对于单个城市区域的研究比较成熟，而关于城市群的体系的研究相对少一些。几十年前读施坚雅的研究，他认为中国古代没有全国性城市体系，只有区域性城市体系。这是从经济角度说的。我们习惯了从行政角度认识城市，认为存在全国一盘棋的治所城市体系，听他这么一讲，觉得很意外，但马上感到城市体系问题是复杂的。

中国城市绝大多数都是历史城市，今天城市要现代化，一个麻烦的问题就出来了：怎样做到既有现代风貌，又保护好历史遗产？原则性的话好讲，问题都在具体个案上，面对一座具体的古建筑时，是拆还是留，往往有很大争论。所以现在这类问题已经不是空讲原则的事情，而是权力一方的抉择问题。目前我们还没有一个在这类问题上能对权力方进行制约的机制。所以要看权力方的觉悟。

8. 人文地理学在国外似乎很火，比如大卫·哈维做的那些，国内学者做的人文地理和他们的有什么异同？可有能借鉴的地方？您一直强调人文地理学，要重视文化地理环境损失巨大这个问题。能否谈谈人类活动与城市空间形态变化的关系？

在国外很多国家的确比我们更重视人文地理学，这不是一天两天的事，我们几十年来就不重视人文地理学。20世纪50年代受苏联影响，是一个方面，但还有些东西不是苏联影响，而是我们自己的问题。一个是总体意识形态，我们强调科学，强调应用（主要是国家建设上的应用），地理学主要是围绕这两个方向发展，具体表现就是只重视自然地理学、经济地理学这两项。另外，我们把地理学限定在理科，容纳经济地理已经不容易了，那些社会问题、文化问题，地理学没有必要管。前一代的理学家常有这样的认识。现在青年一代地理学家的研究面宽了许多，比老一代人重视人文地理、文化地理，但还是受体制（理科式管理)限制,发展不快。我认为缺少文化地理,就弱化了对中国大地的文化属性的论证能力与捍卫能力。

在美国,地理学属于社会科学,很明确,所以地理系里有大批社会科学、人文学科的教授,人文地理研究很活跃。大卫·哈维是地理学出身,但他完全不在意学科门类,只要是喜欢的问题,认为是重要的问题,就研究。他这样人在美国也是极少数,但影响很大,属于学术界的正能量。

人与城市空间的关系是个复杂问题,几句话说不清楚。这里只想谈一点感受。我在美国念书时,到图书馆找研究城市的书,先到史学类的书架找,怎么不多呢?又到地理类找,也是不多。后来到社会学书架去看,好家伙,全在这儿!这让我一下子明白城市的一个本质是社会性。那么,我们就需要关注社会学观察问题、研究问题的那套办法,然后结合地理学的空间意识,才能把城市人文空间的问题研究得深。美国芝加哥大学的历史地理学者卫德礼(P. Wheatley),研究城市起源很有名,写过《四方之极》这部书。[1] 在20世纪80年代,卫德礼不仅是地理系的教授,也是芝加哥大学社会思想(social thought)研究会的主席,他的多重的学术职位,反映出他的学术特点,也可以借此理解他那部名著的特色。研究城市地理问题要有广泛而深入的社会思考力。

---

[1] P. Wheatley: *The Pivot of Four Quarters*, Chicago: Aldine, 1971.

9. 您曾表示，地理学并非一个简单的客观记录，其思想的最高层有一个定向，就是对国土的定性、定向。您认为历史地理学在国家发展中有什么作用？或者说，对过去的了解和学习，能为今天提供什么借鉴？

地理最朴实的层面是日常地理知识，这是生活需要的，没有大方向的问题。但地理问题一旦提升起来，就会受到意识形态的影响。这主要指人文地理学。既然受意识形态的影响，当然就会有社会价值观，价值观就是大方向。我国古代的价值观在王朝体制上，地理学也就在这个方向上发展，我称其为"王朝地理学"。到了现在的改革开放的时代，地理学就沿着现代化的方向发展。"发展是硬道理"，于是发展也是地理学的硬道理。这是地理学的一个方面。但地理学还可以有另一个方面，即对理性、人性、和谐世界的追求，这是不能放弃的终极目标。作为学术的地理学应该有能力，用最理想的目标去修正人类一时冲动所干出来的事情。中国现在太需要这样的地理学了。

关于历史地理学的经世致用问题，不能是简单地到处求用，这样做，并不真的懂经世致用。什么事情可用，以什么方式来用，都要明白。我的体会是，历史地理学的致用，主要还是提供比较宏观的历史经验。虽然有些历史经验是没有用的，但地理经验却是另一回事。因为地的稳定性，与地有关系的经验也相对稳定。知道过去的情况，对今天、未来都有参考价值。举个例子，当年史念海先生做军事历史地理考察，就是受时任兰州军区司令员皮定均将军的委托，很有实战意义。皮定均将军说："假定现在就要进行一场战争，我作为司令员，进入阵地，部队部署，粮草运输，作战计划，大致都已就绪，我要再听取一下，以前在这个地区曾经发生过什么战争？战争的两方各是由什么地方进军的？又是分别由哪些道路退却的？粮秣是怎样运输的？战地的用水又是怎样取得的？其中获胜者是怎样取得胜利的？而败北者又是怎样招致失败的？"史先生是带着将军的问题来到一处处古战场的。所有的问题都具有现实性。

英国的达比教授也讲过欧洲的例子："在1914至1918年的大战结束之后，所出现的最有价值的地理著作之一，就是鲍曼（Isaiah Bowman）的《新世界》（*The New World*）。鲍曼博士现任美国约翰·霍普金斯大学（Johns Hopkins University）校长，那时正是美国地理学会的干事。他的书是1924年出版的。名之为"新世界"，其实却是讲的旧世界；副题曰"政治地理"，但你打开书篇一看，其中却充满了早于1800年以前的参考叙述。为什么呢？因为地理学中的新问题，是生根在旧事之中的：阿尔萨斯——洛林、波兰走廊、意大利北部边疆、捷克斯拉夫边疆，以及马其顿、西里西亚、德参、萨尔、希拉斯维——赫斯坦因诸问题，都不是1919年的新问题。这些问题没有一个是不参考以往的事实，就可加以讨论的。"① 旧的地理

---

① 达比：《地理学的理论与实践》，侯仁之《唯有书香留岁痕》，第187页。

是新的地理的基础。我们今天大讲"一带一路",所用的概念难道不是来自历史吗?

相对来说,技术性的东西,不需要历史,例如引水路线,不需要古人告诉我们,拿现代仪器一测,清清楚楚。历史中的宏观地理大势,却是仪器测不出来的。例如,永定河的引水路线怎样走好,我们不需要古人说(虽然古人做过),现代仪器可以更精确地告诉我们。但永定河在历史上糟糕的表现(洪水泛滥),却是需要历史地理研究告诉我们,引起我们警觉的。

历史地理研究还可以服务于历史文化遗产保护工作,在这个方面的例子很多。国内一些省市邀请历史地理学者进入政府参事室工作,主要就是要他们发挥这个方面的作用。在欧洲,历史地理学者有较多的参与城市规划建设的机会,他们在研究与制定历史遗产保护法规上发挥着较大的作用。

10. 历史和地理知识,基本人人都有,但"具有知识"不代表"明白道理"。在刚面市的《给孩子的历史地理》[①]中,您也提到了"知识"和"道理"的区别,您希望读者从这本书中有怎样的收获?

中国人,每个人都有一份历史地理标签,那就是祖籍。你可能根本没去过那儿,但你属于那儿。每个人也都愿意

---

① 唐晓峰:《给孩子的历史地理》,北京,中信出版集团,2018年。

了解祖籍，这就是历史地理学习。历史地理离每个人并不远。

写《给孩子的历史地理》是一个尝试，在少年儿童读物中还没有这个题目，他们能不能读进去，要看实际情况了。不过，至少，让他们知道有这样一个知识门类，有这样一种启发智慧的方式。地理里面有智慧，这是我最想让他们知道的，所以我反复讲，地理不光是知识，还有道理。道理离不开知识，知识要组合成道理才更有意义。

对于少年儿童的教育，我是外行，但总有一种感觉，那些让孩子看一本扔一本的书，并不是最好的读物。少年儿童应该有能够伴随他长久一些的读物，这样的读物会引导出一条知识路径。历史地理应该是一个吸引人的领域，这些知识不仅仅对孩子成长有益，对成年人，也可以在加深阅读中获得更深的对世界、社会、生活的认识。

（以上所言，均为个人感想，仅供参考）

乐 道 文 库

"乐道文库"邀请汉语学界真正一线且有心得、有想法的优秀学人,为年轻人编一套真正有帮助的"什么是……"丛书。文库有共同的目标,但不是教科书,没有固定的撰写形式。作者会在题目范围里自由发挥,各言其志,成一家之言;也会本其多年治学的体会,以深入浅出的文字,告诉你一门学问的意义,所在学门的基本内容,得到分享的研究取向,以及当前的研究现状。这是一套开放的丛书,仍在就可能的题目邀约作者,已定书目如下,由生活·读书·新知三联书店陆续刊行。

王汎森　《历史是扩充心量之学》

马　敏	《什么是博览会史》	朱青生	《什么是艺术史》
王　笛	《什么是微观史》	**刘翠溶**	**《什么是环境史》**
王子今	《什么是秦汉史》	孙　江	《什么是社会史》
王邦维	《什么是东方学》	李有成	《什么是文学》
王明珂	《什么是反思性研究》	李伯重	《什么是经济史》
方维规	**《什么是概念史》**	李雪涛	《什么是汉学史》
邓小南	《什么是制度史》	**吴以义**	**《什么是科学史》**
邢义田	《什么是图像史》	沈卫荣	《什么是语文学》

张隆溪	**《什么是世界文学》**	姚大力	《什么是元史》
陆　扬	《什么是政治史》	夏伯嘉	《什么是世界史》
陈正国	《什么是思想史》	**唐晓峰**	**《什么是历史地理学》**
范　可	**《什么是人类学》**	黄东兰	《什么是东洋史》
罗　新	《什么是边缘人群史》	黄宽重	《什么是宋史》
郑振满	《什么是民间历史文献》	常建华	《什么是清史》
赵鼎新	**《什么是社会学》**	章　清	《什么是学科知识史》
荣新江	《什么是敦煌学》	梁其姿	《什么是疾病史》
侯旭东	**《什么是日常统治史》**	臧振华	《什么是考古学》

（2023年6月更新，加粗者为已出版）